Table of Contents

Section 1: About Times Tables

The Importance of Times Tables 3
Here's What the Research Says About Times Tables 4
How to Use This Book (Very Important) 5

Section 2: The Easier Times Tables

1. Times 0 and 1 (Why x0 is Always 0?) 7
2. Times 2 (Even and Odd Numbers) 19
3. Times 10 (Why x10 Always Ends With a 0?) 31
4. Times 5 With Two Tricks 43
5. Times 3 54
6. Times 11 and an Awesome Trick 65
7. MIXED REVIEW: The Easier Times Tables 76

Section 3: The Challenging Ones

8. Times 4 (Double the 2 Times Table) 88
9. Times 9 With Two Neat Tricks 99
10. Times 6 With a Trick For Tough Combinations 111
11. Times 7 With a Trick For Tough Combinations 123
12. Times 8 and a Nifty Trick 135
13. Times 12 and a Slick Trick 147
14. MIXED REVIEW: The Challenging Ones (800 Questions) 158
15. The Square Times Table 178
16. FINAL REVIEW: Times 0 to 12 (800 Questions) 188
17. BONUS: The Multiplication War Card Game 208
18. A Request From the Author 210
19. About the Author 211

ISBN: 978-0-9689408-4-6

ISBN: 978-0-9689408-4-6

Published by:

JayCee Publications

Brampton, Ontario, Canada

eMail: jaspal.cheema@gmail.com

This book can be purchased from **www.Amazon.ca** or **www.Amazon.com**

Go to the Amazon website and type in this 13-digit ISBN number, 9780968940846, or search by the title of the book, or even by the author's name.

Acknowledgements:

Two individuals deserve considerable credit for their influential input into this project—Herman Singh Cheema, and Gurman Singh Cheema. Gurman provided constructive criticism and invaluable feedback as many times as I requested. Their assistance is greatly appreciated.

The Importance of Times Tables

Times tables are the foundational stones upon which mathematical castles are built. And mathematics, as we all know, is the foundation for finance, engineering, sciences, computers, statistics, and every other field of study you can think of. Mathematics adds elasticity to one's thinking ability, it enhances the mind's flexibility in solving problems, and makes the thinker much more creative! And who doesn't need these qualities in a freshly-minted graduate? Or even more so in an employee, or an entrepreneur?

Times tables have always been a difficult segment of schooling for too many students throughout the world. Parents untrained in educational techniques, especially in mathematics, not only struggle along with their children, but their frustration often boils over against the teachers, the schools, and the governments as well. Why can't the educators, the researchers, and the governments, they say, find a solution to such a simple problem? Despite the vast amount of funds expended on education, despite the tremendous depth and breadth of educational expertise throughout the world, and despite the fact that the times tables problem seems simple, I'm wondering whether the solution, for real, is out of reach. We as a society have been unable, in fact failed, to find an elegant solution.

With repeated written practice using the method explained in this book, the multiplication facts are automatically embedded in one's long-term memory, while maintaining accuracy very close to 100%!

We all know that "practice makes perfect." But this is true only if you're practicing correctly in the first place. Accuracy in learning the basic multiplication facts, no doubt, is of utmost importance, and only then one needs to focus on developing speed or fluency with repeated practice. The difficulty in mastering the times tables, especially for younger students, is intermingling three things simultaneously: lack of an appropriate teaching method, not focusing on accuracy first, and striving to achieve fluency without sufficient practice, especially in the absence of the first two factors.

The traditional method of oral rote memorization often results in forgetting one line, which means subsequent lines also can't be recalled. Once the mind goes blank, stress builds up, especially in a test or an exam, which further deteriorates one's thinking ability. Due to the lack of mastery of the basic multiplication facts, many students begin to avoid mathematics altogether, which usually leads to math anxiety. As a result, their self-confidence suffers.

Continued practice is essential for developing fluency, which over time leads to an achievement of automaticity (the ability to answer quickly and accurately). Both fluency and automatic recall have a strong impact on students' future success with advanced mathematical concepts. Developing automaticity frees up brain-power for focusing on problem solving. The top -notch employers are constantly looking for creative problem-solvers.

Providing the answers encourages automatic learning easily, without having to focus simultaneously on testing. A much better form of knowledge is one where a child knows the answer to each multiplication problem as soon as they see it, much like being able to read a word as soon as you see it. Knowing the answer to each question is then independent of knowing the answer to other times table questions. This type of knowledge can be acquired only by practice at producing the correct answer, especially by writing. With frequent and sufficient written practice, the incessant association of each question with its corresponding correct answer begins to stick in one's long-term memory. And that is our ultimate objective.

The solution presented in this book is an uncommon technique of teaching the times tables, without the tediousness of rote memorization. With repeated written practice, the multiplication facts are automatically embedded in one's long-term memory, while maintaining accuracy very close to 100%! In fact, 100% accuracy is expected. As you will find out shortly, there's no reason to get wrong answers. You may ask, how's that possible? That's where *a flash of insight* comes into the picture—that wonderful moment when the solution to a problem suddenly sparkles into your head. Although there are thousands of books on the subject, and many times more teachers, tutors, schools, and schools of thought, this flash of insight that I was fortunate to have experienced, has compelled me to write this book. Remarkable results with my students support the benefit of this innovative method. I hope it serves you, your children, and your students well. Give it a try, and you will be pleasantly surprised.

Here's What The Research Says About Times Tables

A British Newspaper—The Guardian—published an article* on Times Tables, which unmistakably exposes the varying levels of difficulty for all combinations of times tables from 1 to 12. The data were collected from 232 students who answered approximately 60,000 questions. The Guardian provides the data for public use on their website, which I have downloaded for independent analysis.

Based on these data, the bar graph below clearly shows that 12x is the most difficult times table, which was answered incorrectly 33.3% of the time. **The sequence of the times tables in this book is presented based on the results of this research—from the easiest to the most difficult**. Not only that, the number of questions within each times table is directly proportional to the level of difficulty indicated by the percentage of incorrect answers. In other words, more difficult combinations for each times table appear much more frequently in the lessons than the easier combinations.

Unfortunately, the data did not include multiplication combinations for zero, which definitely plays a crucial role in all of mathematics, especially at the higher levels. This book includes the 0 times table right at the outset as well. The whole book is based on evidence and an innovative technique.

**Testing times: which times tables do kids find the hardest? James Ball, The Guardian, 31 May 2013.*

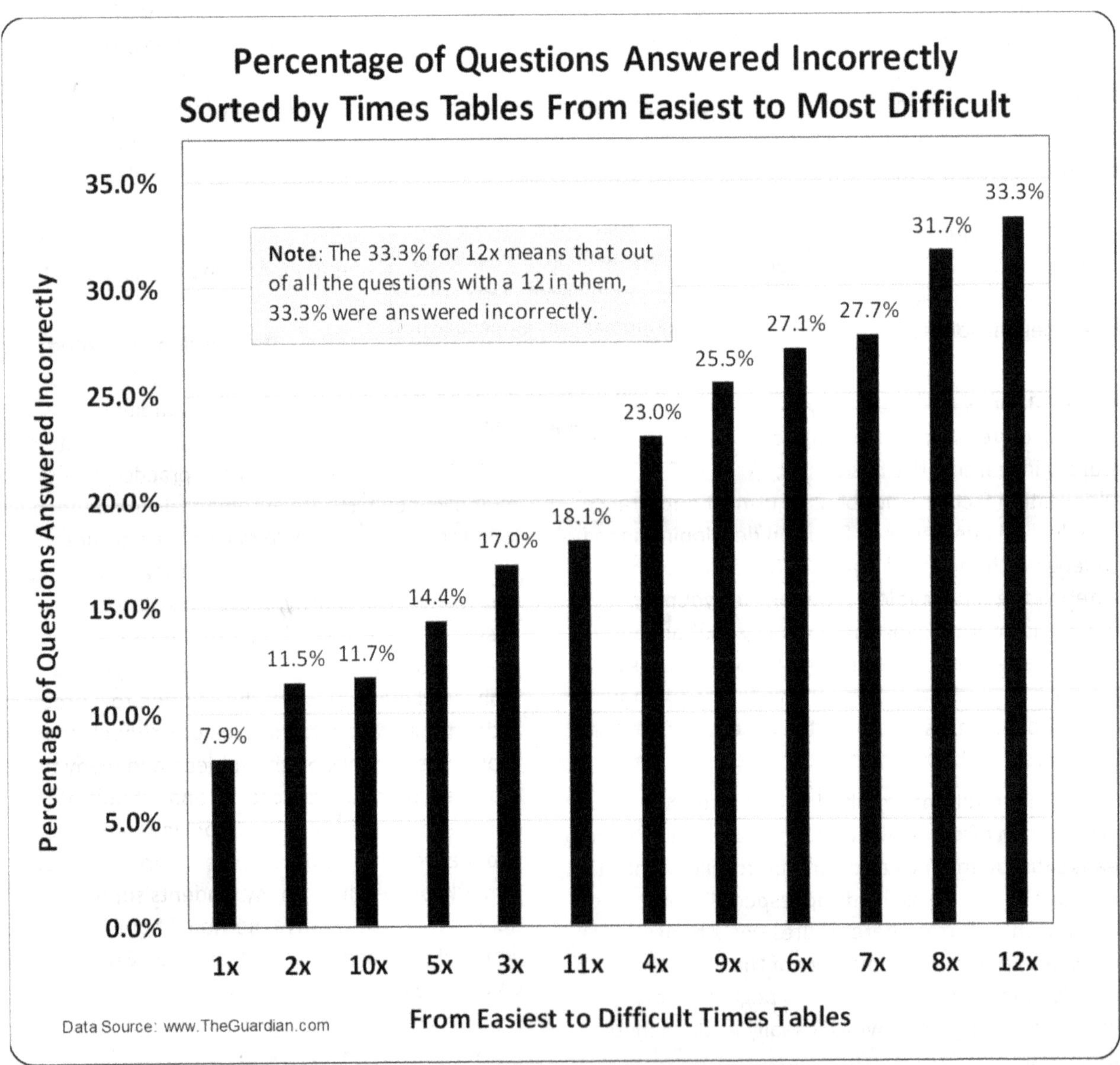

How to Use This Book

This book is specifically designed to build rapid fluency primarily in single-digit multiplication facts through repeated practice. **Mulitplication is always done in our brains on two single-digits at a time.** Your child or student can master the single-digit multiplication usig this book first. Then they can easily handle the bigger numbers with much greater proficiency on their own.

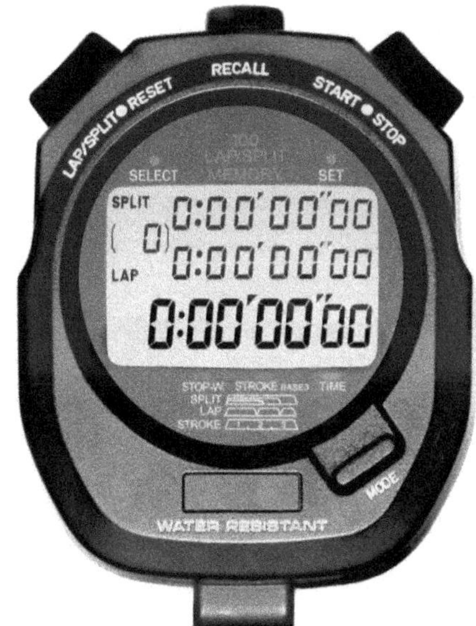

STEP 1: The first lesson in each chapter is to be timed using a **digital stopwatch** to establish a baseline for measuring the student's performance. So have a stopwatch ready, or use the **stopwatch in your cellphone**. Take a look at the questions on both pages (see next page). All answers are given in the 'Reference Table' and **you're allowed to look at the answers as many times as you need to**. You may find this odd, but the ultimate objective is to embed them in one's long-term memory—ready for instant recall. This technique works extremely well. **Your own improvement will be the proof!**

STEP 2: Start the timer first, and then do the 80 questions in **Lesson 1** quickly. Stop the timer. **Record the Time Taken** at the top of the page on the right hand side. Then take a few minutes and check your answers. If all of them are correct, then this is the time to beat. If not, then try another lesson and make sure that all of your answers are correct. This is not difficult since all the answers are given in the reference table for each lesson, and **you're allowed to look at the answers**.

STEP 3: When you're ready for another lesson, take a look at your previous 'Time Taken' and try to beat it. You can do it. **This is just like playing a game.** Your **score** for these lessons is the **Time Taken**—not percentage of correct answers. 100% accuracy is expected, since all of the answers are right there in front of you. Try to beat your time—every time. You'll be amazed at your progress. Also, don't try to do too many lessons in one day. The breaks in between are very important. A maximum of **ONE CHAPTER A DAY** should be the limit.

A Neat Trick to Speed Things Up

There are **144** combinations of multiplication facts to be mastered. **66** of them above the black squares are exactly the same as the ones below (duplicates), leaving you with only **78**. This happens because the order of the two numbers being multiplied doesn't matter, 8x7=7x8=56. The result remains the same.

To take advantage of this fact: **always focus on the larger number first (left) and then the smaller number (top), regardless of their order in the question**. This eliminates 66 combinations!

The Multiplication Table

x	1	2	3	4	5	6	7	8	9	10	11	12
1	1	2	3	4	5	6	7	8	9	10	11	12
2	2	4	6	8	10	12	14	16	18	20	22	24
3	3	6	9	12	15	18	21	24	27	30	33	36
4	4	8	12	16	20	24	28	32	36	40	44	48
5	5	10	15	20	25	30	35	40	45	50	55	60
6	6	12	18	24	30	36	42	48	54	60	66	72
7	7	14	21	28	35	42	49	56	63	70	77	84
8	8	16	24	32	40	48	56	64	72	80	88	96
9	9	18	27	36	45	54	63	72	81	90	99	108
10	10	20	30	40	50	60	70	80	90	100	110	120
11	11	22	33	44	55	66	77	88	99	110	121	132
12	12	24	36	48	60	72	84	96	108	120	132	144

SECTION 2

The Easier Times Tables

Go down deep enough into anything and you will find mathematics.

Dean Schlicter

CHAPTER

1

Times 0 and 1

LESSON

A

THE ZERO TIMES TRICK

Multiplying by **0** always results in **0**.

2x**0** = 0

10x**0** = 0

75x**0** = 0

644x**0** = 0

125,548x**0** = 0

Why is it always 0?

Multiplication is repeated addition. Let us take a look at a couple of examples:

5x**0** = 0+0+0+0+0 = **0**.

13x**0** = 0+0+0+0+0+0+0+0+0+0+0+0+0 = **0**

Adding up as many zeros as you want will always result in 0. **That's why any number times 0 is 0.**

THE ONE TIMES TRICK

Times **1** is the ***do nothing*** number when you're doing multiplication. One times something is the exact same something. Let us look at a few examples:

5 x **1** = 5

23 x **1** = 23

86 x **1** = 86

739 x **1** = 739

164,877 x **1** = 164,877

Why is it always the same number?

Since we already know that multiplication is repeated addition, adding up Ones 5 times, for example, results in 5. That is:

5x1 = 1+1+1+1+1 = **5**

7x1 = 1+1+1+1+1+1+1 = **7**

Adding up as many **1**'s as you want will always result in the exact same number. **That's why any number times 1 results in the same number**.

CHAPTER 1

Times 0 and 1

LESSON 1

Feel free to look up any answers in the Reference Table. That means "No Excuses" for wrong answers - 100% accuracy is expected. Your score is the "Time Taken" to complete all questions on these two pages. Challenge yourself. Do the questions quickly. Time yourself the first time, and then "Beat Your Best Time!" every time.

1 x 7 = ___	12 x 1 = ___	0 x 0 = ___	6 x 1 = ___	0 x 9 = ___	3 x 1 = ___
1 x 0 = ___	2 x 1 = ___	2 x 0 = ___	1 x 12 = ___	5 x 1 = ___	1 x 7 = ___
1 x 3 = ___	6 x 0 = ___			0 x 7 = ___	6 x 1 = ___
2 x 0 = ___	1 x 12 = ___			5 x 0 = ___	1 x 10 = ___

Reference Table

x	1	2	3	4	5	6	7	8	9	10	11	12
1	1	2	3	4	5	6	7	8	9	10	11	12
2	2	4	6	8	10	12	14	16	18	20	22	24
3	3	6	9	12	15	18	21	24	27	30	33	36
4	4	8	12	16	20	24	28	32	36	40	44	48
5	5	10	15	20	25	30	35	40	45	50	55	60
6	6	12	18	24	30	36	42	48	54	60	66	72
7	7	14	21	28	35	42	49	56	63	70	77	84
8	8	16	24	32	40	48	56	64	72	80	88	96
9	9	18	27	36	45	54	63	72	81	90	99	108
10	10	20	30	40	50	60	70	80	90	100	110	120
11	11	22	33	44	55	66	77	88	99	110	121	132
12	12	24	36	48	60	72	84	96	108	120	132	144

1 x 9 = ___	10 x 1 = ___	0 x 10 = ___	12 x 1 = ___	0 x 10 = ___	11 x 1 = ___
7 x 1 = ___	1 x 5 = ___	11 x 1 = ___	0 x 11 = ___	1 x 1 = ___	1 x 11 = ___
1 x 6 = ___	10 x 1 = ___	1 x 4 = ___	10 x 1 = ___	1 x 3 = ___	3 x 1 = ___

CHAPTER 1

Times 0 and 1

LESSON 1

Time Taken: _______Minutes, and _______Seconds

0 x 5	10 x 0	1 x 2	8 x 1	0 x 5	8 x 1
5 x 1	0 x 5	9 x 1	1 x 7	8 x 1	0 x 10
0 x 2	12 x 1	1 x 12	9 x 0	0 x 3	1 x 1
1 x 1	1 x 5	9 x 0	0 x 2	1 x 1	0 x 5
0 x 12	8 x 1	0 x 11	12 x 1	1 x 6	4 x 0
5 x 1	1 x 12	10 x 0	1 x 11	4 x 0	1 x 12
0 x 9	11 x 1	1 x 7	10 x 0	1 x 2	11 x 1

CHAPTER **1**

Times 0 and 1

LESSON **2**

Feel free to look up any answers in the Reference Table. That means "No Excuses" for wrong answers - 100% accuracy is expected. Your score is the "Time Taken" to complete all questions on these two pages. Challenge yourself. Do the questions quickly. Time yourself the first time, and then "Beat Your Best Time!" every time.

0 x 1	11 x 1	0 x 2	10 x 1	0 x 6	7 x 1
6 x 1	0 x 11	8 x 1	0 x 2	12 x 1	0 x 0
0 x 4	12 x 1			1 x 8	6 x 1
7 x 1	0 x 11			6 x 0	1 x 9
1 x 7	10 x 0	1 x 2	9 x 0	1 x 12	10 x 0
10 x 0	1 x 5	3 x 0	1 x 7	5 x 1	1 x 1
0 x 10	7 x 1	1 x 2	5 x 0	1 x 2	11 x 1

Reference Table

X	1	2	3	4	5	6	7	8	9	10	11	12
1	1	2	3	4	5	6	7	8	9	10	11	12
2	2	4	6	8	10	12	14	16	18	20	22	24
3	3	6	9	12	15	18	21	24	27	30	33	36
4	4	8	12	16	20	24	28	32	36	40	44	48
5	5	10	15	20	25	30	35	40	45	50	55	60
6	6	12	18	24	30	36	42	48	54	60	66	72
7	7	14	21	28	35	42	49	56	63	70	77	84
8	8	16	24	32	40	48	56	64	72	80	88	96
9	9	18	27	36	45	54	63	72	81	90	99	108
10	10	20	30	40	50	60	70	80	90	100	110	120
11	11	22	33	44	55	66	77	88	99	110	121	132
12	12	24	36	48	60	72	84	96	108	120	132	144

CHAPTER **1**

Times 0 and 1

LESSON **2**

Time Taken: _______Minutes, and _______Seconds

1 x 8	7 x 1	1 x 4	3 x 0	0 x 11	12 x 1
5 x 1	0 x 6	7 x 1	0 x 10	4 x 1	1 x 3
1 x 2	8 x 1	0 x 11	5 x 0	1 x 3	5 x 0
9 x 0	0 x 9	9 x 1	1 x 4	10 x 1	1 x 10
1 x 2	5 x 1	1 x 9	8 x 0	1 x 3	5 x 0
9 x 0	1 x 10	12 x 0	1 x 6	6 x 0	1 x 10
0 x 2	11 x 1	1 x 9	8 x 0	1 x 4	12 x 0

CHAPTER 1

Times 0 and 1

LESSON 3

Feel free to look up any answers in the Reference Table. That means "No Excuses" for wrong answers - 100% accuracy is expected. Your score is the "Time Taken" to complete all questions on these two pages. Challenge yourself. Do the questions quickly. Time yourself the first time, and then "Beat Your Best Time!" every time.

0 x 12 = ____ | 7 x 1 = ____ | 1 x 10 = ____ | 6 x 1 = ____ | 0 x 11 = ____ | 9 x 1 = ____

12 x 1 = ____ | 0 x 1 = ____ | 1 x 1 = ____ | 0 x 10 = ____ | 8 x 1 = ____ | 0 x 0 = ____

0 x 5 = ____ | 4 x 1 = ____ | 0 x 3 = ____ | 2 x 1 = ____

11 x 1 = ____ | 1 x 8 = ____ | 7 x 1 = ____ | 0 x 12 = ____

Reference Table

x	1	2	3	4	5	6	7	8	9	10	11	12
1	1	2	3	4	5	6	7	8	9	10	11	12
2	2	4	6	8	10	12	14	16	18	20	22	24
3	3	6	9	12	15	18	21	24	27	30	33	36
4	4	8	12	16	20	24	28	32	36	40	44	48
5	5	10	15	20	25	30	35	40	45	50	55	60
6	6	12	18	24	30	36	42	48	54	60	66	72
7	7	14	21	28	35	42	49	56	63	70	77	84
8	8	16	24	32	40	48	56	64	72	80	88	96
9	9	18	27	36	45	54	63	72	81	90	99	108
10	10	20	30	40	50	60	70	80	90	100	110	120
11	11	22	33	44	55	66	77	88	99	110	121	132
12	12	24	36	48	60	72	84	96	108	120	132	144

1 x 5 = ____ | 11 x 0 = ____ | 1 x 7 = ____ | 10 x 1 = ____ | 0 x 11 = ____ | 11 x 1 = ____

2 x 1 = ____ | 1 x 6 = ____ | 1 x 0 = ____ | 1 x 3 = ____ | 3 x 1 = ____ | 1 x 5 = ____

1 x 10 = ____ | 8 x 0 = ____ | 1 x 10 = ____ | 8 x 0 = ____ | 0 x 3 = ____ | 10 x 1 = ____

CHAPTER 1

Times 0 and 1

LESSON 3

Time Taken: _______Minutes, and _______Seconds

0 x 7	11 x 1	1 x 4	8 x 1	1 x 11	11 x 0
0 x 0	1 x 8	1 x 1	0 x 10	3 x 1	0 x 8
1 x 12	4 x 1	0 x 9	5 x 0	1 x 7	2 x 1
9 x 0	1 x 9	3 x 1	0 x 1	11 x 1	0 x 0
0 x 7	3 x 1	1 x 4	12 x 1	0 x 11	11 x 1
5 x 1	0 x 11	2 x 1	1 x 10	8 x 1	1 x 5
1 x 7	12 x 1	1 x 4	3 x 0	1 x 3	4 x 1

CHAPTER **1**

Times 0 and 1

LESSON **4**

Feel free to look up any answers in the Reference Table. That means "No Excuses" for wrong answers - 100% accuracy is expected. Your score is the "Time Taken" to complete all questions on these two pages. Challenge yourself. Do the questions quickly. Time yourself the first time, and then "Beat Your Best Time!" every time.

1 x 9 = ___	3 x 0 = ___	1 x 7 = ___	8 x 1 = ___	1 x 5 = ___	0 x 0 = ___
3 x 1 = ___	1 x 3 = ___	3 x 0 = ___	1 x 10 = ___	6 x 1 = ___	0 x 11 = ___
1 x 6 = ___	2 x 1 = ___			1 x 8 = ___	2 x 0 = ___
7 x 1 = ___	0 x 3 = ___			5 x 1 = ___	1 x 12 = ___
1 x 6 = ___	2 x 1 = ___	1 x 3 = ___	9 x 0 = ___	1 x 12 = ___	2 x 1 = ___
2 x 1 = ___	0 x 12 = ___	7 x 1 = ___	1 x 10 = ___	5 x 0 = ___	1 x 12 = ___
1 x 11 = ___	7 x 1 = ___	1 x 6 = ___	2 x 1 = ___	1 x 10 = ___	0 x 0 = ___

Reference Table

x	1	2	3	4	5	6	7	8	9	10	11	12
1	1	2	3	4	5	6	7	8	9	10	11	12
2	2	4	6	8	10	12	14	16	18	20	22	24
3	3	6	9	12	15	18	21	24	27	30	33	36
4	4	8	12	16	20	24	28	32	36	40	44	48
5	5	10	15	20	25	30	35	40	45	50	55	60
6	6	12	18	24	30	36	42	48	54	60	66	72
7	7	14	21	28	35	42	49	56	63	70	77	84
8	8	16	24	32	40	48	56	64	72	80	88	96
9	9	18	27	36	45	54	63	72	81	90	99	108
10	10	20	30	40	50	60	70	80	90	100	110	120
11	11	22	33	44	55	66	77	88	99	110	121	132
12	12	24	36	48	60	72	84	96	108	120	132	144

CHAPTER

1

Times 0 and 1

LESSON

4

Time Taken: _______Minutes, and _______Seconds

0 x 12 = ____	11 x 1 = ____	1 x 4 = ____	9 x 1 = ____	1 x 6 = ____	8 x 0 = ____
10 x 1 = ____	0 x 6 = ____	7 x 0 = ____	0 x 12 = ____	1 x 0 = ____	1 x 10 = ____
0 x 3 = ____	2 x 1 = ____	1 x 1 = ____	12 x 1 = ____	1 x 3 = ____	3 x 0 = ____
0 x 0 = ____	1 x 3 = ____	12 x 1 = ____	0 x 6 = ____	11 x 1 = ____	1 x 4 = ____
1 x 8 = ____	10 x 1 = ____	0 x 2 = ____	6 x 1 = ____	1 x 8 = ____	9 x 1 = ____
2 x 1 = ____	0 x 12 = ____	6 x 1 = ____	1 x 12 = ____	4 x 1 = ____	1 x 11 = ____
1 x 6 = ____	6 x 1 = ____	0 x 5 = ____	9 x 1 = ____	1 x 7 = ____	8 x 0 = ____

CHAPTER 1

Times 0 and 1

LESSON 5

Feel free to look up any answers in the Reference Table. That means "No Excuses" for wrong answers - 100% accuracy is expected. Your score is the "Time Taken" to complete all questions on these two pages. Challenge yourself. Do the questions quickly. Time yourself the first time, and then "Beat Your Best Time!" every time.

1 x 10 ____	7 x 0 ____	1 x 4 ____	7 x 1 ____	1 x 7 ____	2 x 0 ____
2 x 1 ____	0 x 0 ____	11 x 1 ____	1 x 3 ____	12 x 1 ____	1 x 6 ____
0 x 12 ____	4 x 1 ____			0 x 11 ____	1 x 1 ____
7 x 1 ____	1 x 3 ____			3 x 0 ____	1 x 4 ____
0 x 7 ____	9 x 1 ____	1 x 2 ____	7 x 1 ____	1 x 4 ____	0 x 0 ____
1 x 1 ____	0 x 2 ____	6 x 1 ____	1 x 4 ____	4 x 1 ____	1 x 10 ____
1 x 8 ____	8 x 1 ____	0 x 2 ____	6 x 1 ____	1 x 1 ____	3 x 0 ____

Reference Table

x	1	2	3	4	5	6	7	8	9	10	11	12
1	1	2	3	4	5	6	7	8	9	10	11	12
2	2	4	6	8	10	12	14	16	18	20	22	24
3	3	6	9	12	15	18	21	24	27	30	33	36
4	4	8	12	16	20	24	28	32	36	40	44	48
5	5	10	15	20	25	30	35	40	45	50	55	60
6	6	12	18	24	30	36	42	48	54	60	66	72
7	7	14	21	28	35	42	49	56	63	70	77	84
8	8	16	24	32	40	48	56	64	72	80	88	96
9	9	18	27	36	45	54	63	72	81	90	99	108
10	10	20	30	40	50	60	70	80	90	100	110	120
11	11	22	33	44	55	66	77	88	99	110	121	132
12	12	24	36	48	60	72	84	96	108	120	132	144

CHAPTER 1

Times 0 and 1

LESSON 5

Time Taken: _______Minutes, and _______Seconds

1 x 1 = ____	5 x 0 = ____	1 x 4 = ____	2 x 1 = ____	1 x 5 = ____	11 x 1 = ____
12 x 1 = ____	1 x 8 = ____	11 x 1 = ____	0 x 12 = ____	3 x 1 = ____	0 x 3 = ____
0 x 12 = ____	10 x 1 = ____	1 x 10 = ____	11 x 1 = ____	0 x 5 = ____	3 x 1 = ____
11 x 0 = ____	1 x 8 = ____	5 x 1 = ____	1 x 1 = ____	3 x 1 = ____	0 x 12 = ____
1 x 8 = ____	5 x 1 = ____	1 x 8 = ____	3 x 1 = ____	0 x 3 = ____	12 x 1 = ____
8 x 0 = ____	1 x 10 = ____	3 x 1 = ____	1 x 11 = ____	9 x 1 = ____	1 x 1 = ____
1 x 12 = ____	8 x 0 = ____	1 x 6 = ____	2 x 1 = ____	1 x 5 = ____	9 x 1 = ____

Math is like going to the gym for your brain. It sharpens your mind.

Danica McKellar

CHAPTER

2 Times 2

LESSON

A

THE 2 TIMES TRICK

The rule to follow for all **Times 2** problems is to **DOUBLE THE NUMBER** that is being **multiplied by 2** by adding the number to itself.

2x**5** = 5+5 = 10 (the **5** is doubled)

2x**8** = 8+8 = 16 (the **8** is doubled)

EVEN AND ODD NUMBERS

2 is an **Even** number, and anything multiplied by 2 is always an Even number. The numbers that end with the digits 0,2,4,6, or 8 are called **Even Numbers** (for example, 6, 8, 14, 26, 50, 72). The rest of the numbers that end with 1,3,5,7, and 9 are called **Odd Numbers** (for example, 5, 7, 11, 13, 17, 99).

Remember: In Times Tables, if one of the numbers is Even, or if both numbers are even, then the answer is **always Even**.

2x3=6 one number (**2**) is Even

2x6=12 Both **2** and **6** are Even

3x5=15 Neither 3 nor 5 is even, so the answer is not Even. It is Odd.

4x8=32 Both **4** and **8** are Even

Remember: The answer will be **Odd** only if both numbers are odd.

2x3=6

2x5=10

5x7=**35** (**Answer is Odd** since both 5 and 7 are odd).

2x4=8

Even × Even = Even Example: 4 × 8 = 32

Even × Odd = Even Example: 2 × 5 = 10

Odd × Even = Even Example: 3 × 2 = 6

Odd × Odd = Odd **REMEMBER THIS RULE**: ***The answer is Odd only if both numbers are odd, otherwise it is Even.***

CHAPTER **2**

Times 2

LESSON **1**

Feel free to look up any answers in the Reference Table. That means "No Excuses" for wrong answers - 100% accuracy is expected. Your score is the "Time Taken" to complete all questions on these two pages. Challenge yourself. Do the questions quickly. Time yourself the first time, and then "Beat Your Best Time!" every time.

2 x 7 = ____	3 x 2 = ____	2 x 4 = ____	8 x 2 = ____	2 x 8 = ____	9 x 2 = ____
5 x 2 = ____	2 x 3 = ____	2 x 2 = ____	2 x 4 = ____	4 x 2 = ____	2 x 4 = ____
2 x 5 = ____	8 x 2 = ____			2 x 8 = ____	8 x 2 = ____
4 x 2 = ____	2 x 7 = ____			4 x 2 = ____	2 x 3 = ____
2 x 6 = ____	6 x 2 = ____	2 x 4 = ____	3 x 2 = ____	2 x 7 = ____	12 x 2 = ____
12 x 2 = ____	2 x 10 = ____	4 x 2 = ____	2 x 9 = ____	9 x 2 = ____	2 x 3 = ____
2 x 11 = ____	8 x 2 = ____	2 x 4 = ____	3 x 2 = ____	2 x 5 = ____	11 x 2 = ____

Reference Table

x	1	2	3	4	5	6	7	8	9	10	11	12
1	1	2	3	4	5	6	7	8	9	10	11	12
2	2	4	6	8	10	12	14	16	18	20	22	24
3	3	6	9	12	15	18	21	24	27	30	33	36
4	4	8	12	16	20	24	28	32	36	40	44	48
5	5	10	15	20	25	30	35	40	45	50	55	60
6	6	12	18	24	30	36	42	48	54	60	66	72
7	7	14	21	28	35	42	49	56	63	70	77	84
8	8	16	24	32	40	48	56	64	72	80	88	96
9	9	18	27	36	45	54	63	72	81	90	99	108
10	10	20	30	40	50	60	70	80	90	100	110	120
11	11	22	33	44	55	66	77	88	99	110	121	132
12	12	24	36	48	60	72	84	96	108	120	132	144

CHAPTER 2

Times 2

LESSON 1

Time Taken: _______Minutes, and _______Seconds

2 x 10	6 x 2	2 x 4	9 x 2	2 x 11	5 x 2
9 x 2	2 x 8	6 x 2	2 x 12	7 x 2	2 x 10
2 x 8	9 x 2	2 x 9	5 x 2	2 x 3	12 x 2
8 x 2	2 x 12	9 x 2	2 x 12	12 x 2	2 x 3
2 x 4	4 x 2	2 x 9	2 x 2	2 x 4	10 x 2
12 x 2	2 x 6	2 x 2	2 x 10	2 x 2	2 x 6
2 x 4	12 x 2	2 x 9	4 x 2	2 x 5	12 x 2

CHAPTER **2**

Times 2

LESSON **2**

Feel free to look up any answers in the Reference Table. That means "No Excuses" for wrong answers - 100% accuracy is expected. Your score is the "Time Taken" to complete all questions on these two pages. Challenge yourself. Do the questions quickly. Time yourself the first time, and then "Beat Your Best Time!" every time.

2 x 7	5 x 2	2 x 5	8 x 2	2 x 8	6 x 2
3 x 2	2 x 12	7 x 2	2 x 9	5 x 2	2 x 10
2 x 6	8 x 2			2 x 5	12 x 2
5 x 2	2 x 12			9 x 2	2 x 5

Reference Table

x	1	2	3	4	5	6	7	8	9	10	11	12
1	1	2	3	4	5	6	7	8	9	10	11	12
2	2	4	6	8	10	12	14	16	18	20	22	24
3	3	6	9	12	15	18	21	24	27	30	33	36
4	4	8	12	16	20	24	28	32	36	40	44	48
5	5	10	15	20	25	30	35	40	45	50	55	60
6	6	12	18	24	30	36	42	48	54	60	66	72
7	7	14	21	28	35	42	49	56	63	70	77	84
8	8	16	24	32	40	48	56	64	72	80	88	96
9	9	18	27	36	45	54	63	72	81	90	99	108
10	10	20	30	40	50	60	70	80	90	100	110	120
11	11	22	33	44	55	66	77	88	99	110	121	132
12	12	24	36	48	60	72	84	96	108	120	132	144

2 x 8	7 x 2	2 x 6	3 x 2	2 x 9	7 x 2
8 x 2	2 x 3	6 x 2	2 x 5	7 x 2	2 x 9
2 x 11	8 x 2	2 x 11	8 x 2	2 x 12	3 x 2

CHAPTER 2

Times 2

LESSON 2

Time Taken: _______Minutes, and _______Seconds

2 x 11	8 x 2	2 x 7	9 x 2	2 x 7	4 x 2
6 x 2	2 x 6	8 x 2	2 x 12	6 x 2	2 x 5
2 x 11	9 x 2	2 x 6	8 x 2	2 x 9	12 x 2
7 x 2	2 x 5	12 x 2	2 x 4	7 x 2	2 x 4
2 x 5	12 x 2	2 x 6	2 x 2	2 x 6	7 x 2
8 x 2	2 x 12	3 x 2	2 x 8	10 x 2	2 x 11
2 x 4	9 x 2	2 x 11	9 x 2	2 x 8	12 x 2

CHAPTER **2**

Times 2

LESSON **3**

Feel free to look up any answers in the Reference Table. That means "No Excuses" for wrong answers - 100% accuracy is expected. Your score is the "Time Taken" to complete all questions on these two pages. Challenge yourself. Do the questions quickly. Time yourself the first time, and then "Beat Your Best Time!" every time.

2 x 3 = ___	2 x 2 = ___	2 x 11 = ___	12 x 2 = ___	2 x 10 = ___	7 x 2 = ___
3 x 2 = ___	2 x 4 = ___	8 x 2 = ___	2 x 12 = ___	7 x 2 = ___	2 x 8 = ___
2 x 4 = ___	8 x 2 = ___			2 x 11 = ___	9 x 2 = ___
4 x 2 = ___	2 x 3 = ___			9 x 2 = ___	2 x 10 = ___
2 x 11 = ___	5 x 2 = ___	2 x 9 = ___	7 x 2 = ___	2 x 3 = ___	9 x 2 = ___
9 x 2 = ___	2 x 10 = ___	5 x 2 = ___	2 x 11 = ___	2 x 2 = ___	2 x 5 = ___
2 x 11 = ___	8 x 2 = ___	2 x 9 = ___	12 x 2 = ___	2 x 9 = ___	3 x 2 = ___

Reference Table

x	1	2	3	4	5	6	7	8	9	10	11	12
1	1	2	3	4	5	6	7	8	9	10	11	12
2	2	4	6	8	10	12	14	16	18	20	22	24
3	3	6	9	12	15	18	21	24	27	30	33	36
4	4	8	12	16	20	24	28	32	36	40	44	48
5	5	10	15	20	25	30	35	40	45	50	55	60
6	6	12	18	24	30	36	42	48	54	60	66	72
7	7	14	21	28	35	42	49	56	63	70	77	84
8	8	16	24	32	40	48	56	64	72	80	88	96
9	9	18	27	36	45	54	63	72	81	90	99	108
10	10	20	30	40	50	60	70	80	90	100	110	120
11	11	22	33	44	55	66	77	88	99	110	121	132
12	12	24	36	48	60	72	84	96	108	120	132	144

CHAPTER 2

Times 2

LESSON 3

Time Taken: _______Minutes, and _______Seconds

2 x 12	2 x 2	2 x 7	8 x 2	2 x 5	11 x 2
6 x 2	2 x 4	10 x 2	2 x 11	8 x 2	2 x 12
2 x 4	12 x 2	2 x 9	10 x 2	2 x 8	8 x 2
5 x 2	2 x 7	12 x 2	2 x 6	5 x 2	2 x 12
2 x 9	9 x 2	2 x 7	9 x 2	2 x 7	10 x 2
12 x 2	2 x 10	8 x 2	2 x 3	5 x 2	2 x 12
2 x 8	9 x 2	2 x 8	11 x 2	2 x 4	7 x 2

CHAPTER **2**

Times 2

LESSON **4**

Feel free to look up any answers in the Reference Table. That means "No Excuses" for wrong answers - 100% accuracy is expected. Your score is the "Time Taken" to complete all questions on these two pages. Challenge yourself. Do the questions quickly. Time yourself the first time, and then "Beat Your Best Time!" every time.

2 x 7 = ____	4 x 2 = ____	2 x 6 = ____	8 x 2 = ____	2 x 6 = ____	10 x 2 = ____
9 x 2 = ____	2 x 5 = ____	7 x 2 = ____	2 x 10 = ____	8 x 2 = ____	2 x 10 = ____
2 x 6 = ____	12 x 2 = ____			2 x 10 = ____	8 x 2 = ____
6 x 2 = ____	2 x 11 = ____			7 x 2 = ____	2 x 9 = ____

Reference Table

x	1	2	3	4	5	6	7	8	9	10	11	12
1	1	2	3	4	5	6	7	8	9	10	11	12
2	2	4	6	8	10	12	14	16	18	20	22	24
3	3	6	9	12	15	18	21	24	27	30	33	36
4	4	8	12	16	20	24	28	32	36	40	44	48
5	5	10	15	20	25	30	35	40	45	50	55	60
6	6	12	18	24	30	36	42	48	54	60	66	72
7	7	14	21	28	35	42	49	56	63	70	77	84
8	8	16	24	32	40	48	56	64	72	80	88	96
9	9	18	27	36	45	54	63	72	81	90	99	108
10	10	20	30	40	50	60	70	80	90	100	110	120
11	11	22	33	44	55	66	77	88	99	110	121	132
12	12	24	36	48	60	72	84	96	108	120	132	144

2 x 6 = ____	5 x 2 = ____	2 x 6 = ____	3 x 2 = ____	2 x 4 = ____	10 x 2 = ____
9 x 2 = ____	2 x 9 = ____	8 x 2 = ____	2 x 6 = ____	10 x 2 = ____	2 x 3 = ____
2 x 4 = ____	8 x 2 = ____	2 x 3 = ____	2 x 2 = ____	2 x 10 = ____	6 x 2 = ____

CHAPTER 2

Times 2

LESSON 4

Time Taken: _______Minutes, and _______Seconds

2 x 10	4 x 2	2 x 5	12 x 2	2 x 12	2 x 2
10 x 2	2 x 12	11 x 2	2 x 6	2 x 2	2 x 6
2 x 11	9 x 2	2 x 3	5 x 2	2 x 4	8 x 2
5 x 2	2 x 11	12 x 2	2 x 10	5 x 2	2 x 8
2 x 8	4 x 2	2 x 8	7 x 2	2 x 5	11 x 2
9 x 2	2 x 3	2 x 0	2 x 11	8 x 2	2 x 9
2 x 3	12 x 2	2 x 10	7 x 2	2 x 10	3 x 2

CHAPTER **2**

Times 2

LESSON **5**

Feel free to look up any answers in the Reference Table. That means "No Excuses" for wrong answers - 100% accuracy is expected. Your score is the "Time Taken" to complete all questions on these two pages. Challenge yourself. Do the questions quickly. Time yourself the first time, and then "Beat Your Best Time!" every time.

2 x 12 = ____	7 x 2 = ____	2 x 12 = ____	9 x 2 = ____	2 x 8 = ____	12 x 2 = ____
2 x 2 = ____	2 x 12 = ____	11 x 2 = ____	2 x 11 = ____	4 x 2 = ____	2 x 4 = ____
2 x 8 = ____	9 x 2 = ____			2 x 12 = ____	8 x 2 = ____
4 x 2 = ____	2 x 3 = ____			9 x 2 = ____	2 x 10 = ____

Reference Table

x	1	2	3	4	5	6	7	8	9	10	11	12
1	1	2	3	4	5	6	7	8	9	10	11	12
2	2	4	6	8	10	12	14	16	18	20	22	24
3	3	6	9	12	15	18	21	24	27	30	33	36
4	4	8	12	16	20	24	28	32	36	40	44	48
5	5	10	15	20	25	30	35	40	45	50	55	60
6	6	12	18	24	30	36	42	48	54	60	66	72
7	7	14	21	28	35	42	49	56	63	70	77	84
8	8	16	24	32	40	48	56	64	72	80	88	96
9	9	18	27	36	45	54	63	72	81	90	99	108
10	10	20	30	40	50	60	70	80	90	100	110	120
11	11	22	33	44	55	66	77	88	99	110	121	132
12	12	24	36	48	60	72	84	96	108	120	132	144

2 x 11 = ____	9 x 2 = ____	2 x 7 = ____	2 x 2 = ____	2 x 5 = ____	11 x 2 = ____
8 x 2 = ____	2 x 8 = ____	2 x 2 = ____	2 x 12 = ____	2 x 2 = ____	2 x 9 = ____
2 x 6 = ____	9 x 2 = ____	2 x 5 = ____	11 x 2 = ____	2 x 9 = ____	12 x 2 = ____

CHAPTER 2

Times 2

LESSON 5

Time Taken: _______Minutes, and _______Seconds

2 x 12 ____	6 x 2 ____	2 x 7 ____	12 x 2 ____	2 x 5 ____	7 x 2 ____
2 x 2 ____	2 x 11 ____	5 x 2 ____	2 x 12 ____	9 x 2 ____	2 x 11 ____
2 x 3 ____	9 x 2 ____	2 x 7 ____	4 x 2 ____	2 x 12 ____	9 x 2 ____
2 x 2 ____	2 x 11 ____	12 x 2 ____	2 x 7 ____	5 x 2 ____	2 x 11 ____
2 x 11 ____	3 x 2 ____	2 x 10 ____	12 x 2 ____	2 x 4 ____	7 x 2 ____
8 x 2 ____	2 x 5 ____	3 x 2 ____	2 x 6 ____	6 x 2 ____	2 x 11 ____
2 x 4 ____	8 x 2 ____	2 x 6 ____	6 x 2 ____	2 x 11 ____	4 x 2 ____

ISBN: 978-0-9689408-4-6

Without mathematics, there's nothing you can do. Everything around you is mathematics. Everything around you is numbers.

Shakuntala Devi

CHAPTER

3

Times 10

LESSON

A

The 10 Times Trick

Multiplication, as you know, is repeated addition (10x3=10+10+10=30). Any number multiplied by 10 always ends with a **0** because the rightmost digit in each 1**0** is **0**, and 0 added to itself any number of times will always add up to **0**.

Whenever you multiply any number with 10, simply put a 0 at the end of your number.

Let's look at three examples:

1**0**x4 = 10+10+10+10, which is equal to 4**0**.

1**0**x5 = 10+10+10+10+10, which is equal to 5**0**.

1**0**x6 = 10+10+10+10+10+10, which is equal to 6**0**.

10 times 5 is equal to '10 added to itself 5 times' as shown in column addition on the right hand side. The zeros at the end add up to 0 in the answer, and the ones in the left column always add up to the original number you're multiplying with (5 in this example).

THIS IS ALWAYS TRUE.

```
 10
 10
 10
 10
+10
---
 50
```

CHAPTER

3

Times 10

LESSON

1

Feel free to look up any answers in the Reference Table. That means "No Excuses" for wrong answers - 100% accuracy is expected. Your score is the "Time Taken" to complete all questions on these two pages. Challenge yourself. Do the questions quickly. Time yourself the first time, and then "Beat Your Best Time!" every time.

4 x 10 ____	10 x 10 ____	10 x 12 ____	10 x 3 ____	5 x 10 ____	10 x 4 ____
10 x 6 ____	2 x 10 ____	11 x 10 ____	10 x 12 ____	10 x 9 ____	8 x 10 ____
10 x 11 ____	10 x 4 ____			10 x 11 ____	10 x 2 ____
12 x 10 ____	7 x 10 ____			10 x 5 ____	5 x 10 ____
10 x 11 ____	10 x 6 ____	10 x 12 ____	10 x 9 ____	5 x 10 ____	10 x 10 ____
10 x 3 ____	10 x 10 ____	11 x 10 ____	4 x 10 ____	10 x 3 ____	10 x 11 ____
3 x 10 ____	10 x 2 ____	5 x 10 ____	11 x 10 ____	4 x 10 ____	10 x 9 ____

Reference Table

X	1	2	3	4	5	6	7	8	9	10	11	12
1	1	2	3	4	5	6	7	8	9	10	11	12
2	2	4	6	8	10	12	14	16	18	20	22	24
3	3	6	9	12	15	18	21	24	27	30	33	36
4	4	8	12	16	20	24	28	32	36	40	44	48
5	5	10	15	20	25	30	35	40	45	50	55	60
6	6	12	18	24	30	36	42	48	54	60	66	72
7	7	14	21	28	35	42	49	56	63	70	77	84
8	8	16	24	32	40	48	56	64	72	80	88	96
9	9	18	27	36	45	54	63	72	81	90	99	108
10	10	20	30	40	50	60	70	80	90	100	110	120
11	11	22	33	44	55	66	77	88	99	110	121	132
12	12	24	36	48	60	72	84	96	108	120	132	144

CHAPTER

3

Times 10

LESSON

1

Time Taken: _______Minutes, and _______Seconds

10 x 10	12 x 10	6 x 10	10 x 6	10 x 10	10 x 5
10 x 10	5 x 10	10 x 8	10 x 12	10 x 4	7 x 10
6 x 10	10 x 3	10 x 12	10 x 2	2 x 10	10 x 9
10 x 9	3 x 10	10 x 7	7 x 10	10 x 4	10 x 12
8 x 10	12 x 10	10 x 11	11 x 10	5 x 10	10 x 8
10 x 3	6 x 10	10 x 9	9 x 10	10 x 2	7 x 10
3 x 10	10 x 2	7 x 10	10 x 9	8 x 10	10 x 10

ISBN: 978-0-9689408-4-6

CHAPTER **3**

Times 10

LESSON **2**

Feel free to look up any answers in the Reference Table. That means "No Excuses" for wrong answers - 100% accuracy is expected. Your score is the "Time Taken" to complete all questions on these two pages. Challenge yourself. Do the questions quickly. Time yourself the first time, and then "Beat Your Best Time!" every time.

5 x 10 ____	11 x 10 ____	9 x 10 ____	10 x 3 ____	10 x 11 ____	10 x 5 ____
10 x 8 ____	2 x 10 ____	10 x 7 ____	8 x 10 ____	11 x 10 ____	10 x 11 ____
10 x 11 ____	10 x 8 ____			9 x 10 ____	10 x 9 ____
10 x 10 ____	4 x 10 ____			12 x 10 ____	10 x 11 ____

Reference Table

x	1	2	3	4	5	6	7	8	9	10	11	12
1	1	2	3	4	5	6	7	8	9	10	11	12
2	2	4	6	8	10	12	14	16	18	20	22	24
3	3	6	9	12	15	18	21	24	27	30	33	36
4	4	8	12	16	20	24	28	32	36	40	44	48
5	5	10	15	20	25	30	35	40	45	50	55	60
6	6	12	18	24	30	36	42	48	54	60	66	72
7	7	14	21	28	35	42	49	56	63	70	77	84
8	8	16	24	32	40	48	56	64	72	80	88	96
9	9	18	27	36	45	54	63	72	81	90	99	108
10	10	20	30	40	50	60	70	80	90	100	110	120
11	11	22	33	44	55	66	77	88	99	110	121	132
12	12	24	36	48	60	72	84	96	108	120	132	144

3 x 10 ____	10 x 5 ____	10 x 10 ____	10 x 7 ____	9 x 10 ____	10 x 6 ____
10 x 10 ____	4 x 10 ____	10 x 9 ____	10 x 10 ____	10 x 3 ____	3 x 10 ____
10 x 10 ____	12 x 10 ____	10 x 12 ____	11 x 10 ____	9 x 10 ____	11 x 10 ____

3

Times 10

2

Time Taken: _______Minutes, and _______Seconds

5 x 10	10 x 5	7 x 10	10 x 7	10 x 10	12 x 10
11 x 10	5 x 10	10 x 8	10 x 12	10 x 10	5 x 10
10 x 10	10 x 2	7 x 10	10 x 7	2 x 10	10 x 2
12 x 10	4 x 10	10 x 4	5 x 10	10 x 10	10 x 10
3 x 10	10 x 2	8 x 10	10 x 10	2 x 10	10 x 3
11 x 10	8 x 10	10 x 2	10 x 10	10 x 10	2 x 10
10 x 11	10 x 3	9 x 10	10 x 3	2 x 10	10 x 2

CHAPTER **3**

Times 10

LESSON **3**

Feel free to look up any answers in the Reference Table. That means "No Excuses" for wrong answers - 100% accuracy is expected. Your score is the "Time Taken" to complete all questions on these two pages. Challenge yourself. Do the questions quickly. Time yourself the first time, and then "Beat Your Best Time!" every time.

5 x 10 = ____	10 x 4 = ____	10 x 11 = ____	10 x 7 = ____	7 x 10 = ____	11 x 10 = ____
10 x 9 = ____	6 x 10 = ____	10 x 5 = ____	10 x 10 = ____	10 x 5 = ____	10 x 11 = ____
8 x 10 = ____	11 x 10 = ____			10 x 10 = ____	10 x 7 = ____
12 x 10 = ____	7 x 10 = ____			10 x 2 = ____	2 x 10 = ____
10 x 11 = ____	10 x 4 = ____	5 x 10 = ____	10 x 2 = ____	3 x 10 = ____	10 x 3 = ____
12 x 10 = ____	5 x 10 = ____	11 x 10 = ____	10 x 12 = ____	10 x 4 = ____	3 x 10 = ____
2 x 10 = ____	10 x 9 = ____	5 x 10 = ____	10 x 5 = ____	2 x 10 = ____	10 x 4 = ____

Reference Table

x	1	2	3	4	5	6	7	8	9	10	11	12
1	1	2	3	4	5	6	7	8	9	10	11	12
2	2	4	6	8	10	12	14	16	18	20	22	24
3	3	6	9	12	15	18	21	24	27	30	33	36
4	4	8	12	16	20	24	28	32	36	40	44	48
5	5	10	15	20	25	30	35	40	45	50	55	60
6	6	12	18	24	30	36	42	48	54	60	66	72
7	7	14	21	28	35	42	49	56	63	70	77	84
8	8	16	24	32	40	48	56	64	72	80	88	96
9	9	18	27	36	45	54	63	72	81	90	99	108
10	10	20	30	40	50	60	70	80	90	100	110	120
11	11	22	33	44	55	66	77	88	99	110	121	132
12	12	24	36	48	60	72	84	96	108	120	132	144

3 Times 10 3

Time Taken: _______Minutes, and _______Seconds

2 x 10	10 x 8	10 x 10	10 x 8	7 x 10	10 x 4
10 x 8	8 x 10	11 x 10	4 x 10	12 x 10	5 x 10
10 x 12	10 x 10	6 x 10	12 x 10	4 x 10	10 x 6
12 x 10	8 x 10	10 x 8	7 x 10	10 x 5	5 x 10
9 x 10	10 x 3	8 x 10	12 x 10	10 x 11	10 x 3
10 x 5	9 x 10	11 x 10	10 x 11	10 x 7	10 x 10
8 x 10	10 x 7	9 x 10	10 x 4	4 x 10	10 x 3

CHAPTER 3

Times 10

LESSON 4

Feel free to look up any answers in the Reference Table. That means "No Excuses" for wrong answers - 100% accuracy is expected. Your score is the "Time Taken" to complete all questions on these two pages. Challenge yourself. Do the questions quickly. Time yourself the first time, and then "Beat Your Best Time!" every time.

5 x 10 ____	12 x 10 ____	7 x 10 ____	10 x 7 ____	3 x 10 ____	10 x 3 ____
10 x 9 ____	10 x 11 ____	10 x 8 ____	7 x 10 ____	10 x 9 ____	10 x 10 ____
2 x 10 ____	10 x 7 ____			10 x 11 ____	10 x 7 ____
10 x 3 ____	4 x 10 ____			10 x 9 ____	5 x 10 ____
10 x 11 ____	10 x 3 ____	5 x 10 ____	10 x 6 ____	10 x 12 ____	10 x 6 ____
10 x 3 ____	10 x 11 ____	10 x 0 ____	4 x 10 ____	10 x 9 ____	9 x 10 ____
4 x 10 ____	10 x 6 ____	2 x 10 ____	10 x 3 ____	3 x 10 ____	11 x 10 ____

Reference Table

x	1	2	3	4	5	6	7	8	9	10	11	12
1	1	2	3	4	5	6	7	8	9	10	11	12
2	2	4	6	8	10	12	14	16	18	20	22	24
3	3	6	9	12	15	18	21	24	27	30	33	36
4	4	8	12	16	20	24	28	32	36	40	44	48
5	5	10	15	20	25	30	35	40	45	50	55	60
6	6	12	18	24	30	36	42	48	54	60	66	72
7	7	14	21	28	35	42	49	56	63	70	77	84
8	8	16	24	32	40	48	56	64	72	80	88	96
9	9	18	27	36	45	54	63	72	81	90	99	108
10	10	20	30	40	50	60	70	80	90	100	110	120
11	11	22	33	44	55	66	77	88	99	110	121	132
12	12	24	36	48	60	72	84	96	108	120	132	144

3

Times 10

4

Time Taken: _______Minutes, and _______Seconds

10 x 10 = ____	10 x 2 = ____	2 x 10 = ____	10 x 3 = ____	10 x 11 = ____	10 x 3 = ____
10 x 4 = ____	2 x 10 = ____	10 x 10 = ____	6 x 10 = ____	10 x 5 = ____	1 x 10 = ____
10 x 10 = ____	10 x 8 = ____	9 x 10 = ____	12 x 10 = ____	3 x 10 = ____	10 x 8 = ____
10 x 4 = ____	8 x 10 = ____	10 x 2 = ____	10 x 12 = ____	10 x 2 = ____	3 x 10 = ____
10 x 12 = ____	11 x 10 = ____	4 x 10 = ____	11 x 10 = ____	8 x 10 = ____	10 x 4 = ____
10 x 8 = ____	7 x 10 = ____	11 x 10 = ____	4 x 10 = ____	10 x 5 = ____	2 x 10 = ____
2 x 10 = ____	10 x 2 = ____	10 x 10 = ____	10 x 6 = ____	7 x 10 = ____	10 x 10 = ____

CHAPTER 3

Times 10

LESSON 5

Feel free to look up any answers in the Reference Table. That means "No Excuses" for wrong answers - 100% accuracy is expected. Your score is the "Time Taken" to complete all questions on these two pages. Challenge yourself. Do the questions quickly. Time yourself the first time, and then "Beat Your Best Time!" every time.

8 x 10 _____	10 x 10 _____	7 x 10 _____	11 x 10 _____	6 x 10 _____	10 x 10 _____
10 x 6 _____	2 x 10 _____	10 x 6 _____	6 x 10 _____	12 x 10 _____	10 x 11 _____
3 x 10 _____	11 x 10 _____			8 x 10 _____	11 x 10 _____
10 x 9 _____	10 x 12 _____			10 x 2 _____	2 x 10 _____

Reference Table

x	1	2	3	4	5	6	7	8	9	10	11	12
1	1	2	3	4	5	6	7	8	9	10	11	12
2	2	4	6	8	10	12	14	16	18	20	22	24
3	3	6	9	12	15	18	21	24	27	30	33	36
4	4	8	12	16	20	24	28	32	36	40	44	48
5	5	10	15	20	25	30	35	40	45	50	55	60
6	6	12	18	24	30	36	42	48	54	60	66	72
7	7	14	21	28	35	42	49	56	63	70	77	84
8	8	16	24	32	40	48	56	64	72	80	88	96
9	9	18	27	36	45	54	63	72	81	90	99	108
10	10	20	30	40	50	60	70	80	90	100	110	120
11	11	22	33	44	55	66	77	88	99	110	121	132
12	12	24	36	48	60	72	84	96	108	120	132	144

5 x 10 _____	10 x 5 _____	10 x 11 _____	10 x 8 _____	3 x 10 _____	12 x 10 _____
10 x 10 _____	8 x 10 _____	10 x 2 _____	3 x 10 _____	10 x 6 _____	8 x 10 _____
7 x 10 _____	10 x 8 _____	10 x 10 _____	10 x 5 _____	10 x 12 _____	12 x 10 _____

Times 10

Time Taken: _______Minutes, and _______Seconds

4 x 10	10 x 9	9 x 10	10 x 4	10 x 12	10 x 3
10 x 9	5 x 10	10 x 5	8 x 10	10 x 10	8 x 10
4 x 10	10 x 7	3 x 10	10 x 3	4 x 10	10 x 3
10 x 5	10 x 10	10 x 7	6 x 10	10 x 9	3 x 10
3 x 10	10 x 8	4 x 10	10 x 6	10 x 10	10 x 5
10 x 5	8 x 10	10 x 5	7 x 10	10 x 10	10 x 12
2 x 10	12 x 10	8 x 10	10 x 4	3 x 10	10 x 2

If I have been able to see further, it was only because I stood on the shoulders of giants.

Isaac Newton

CHAPTER

LESSON

4 Times 5 With Two Tricks

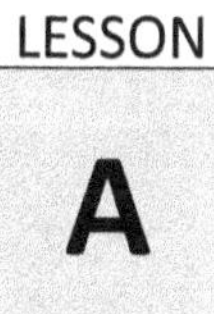

THE 5 TIMES TRICKS

This 5 times trick comes in two parts: one for **even** numbers and one for **odd** numbers.

To Multiply 5 With Even Numbers:

STEP 1: To multiply 5 with an **even** number, say 5x**8**, take half of **8**, which is **4**.

STEP 2: Take **4** from the Step 1 above, and place a **0** at its end, and we get **40**. So 5x8=40.

EXAMPLE 2: To multiply 5 by **12**, take its half, **6**, and place a **0** at the end, so 5x**12**=60.

To Multiply 5 With Odd Numbers:

STEP 1: To multiply 5 with an **odd** number, say 5x**7**, subtract 1 from 7 (7-1=**6**), and then take half of **6**, which is **3**.

STEP 2: Take **3** from Step 1 above, and place a **5** at its end, 35. So 5x7=35.

EXAMPLE 2: To multiply 5 by **15**, subtract 1 from 15 (15-1=**14**). Take half of 14, which is **7**. Then place a **5** at the end of 7. So 5x15=75. Similarly 5x37=185 (37-1=36, half is 18, and a 5 at its end, 185). 5x37=185.

CHAPTER

4

Times 5

LESSON

1

Feel free to look up any answers in the Reference Table. That means "No Excuses" for wrong answers - 100% accuracy is expected. Your score is the "Time Taken" to complete all questions on these two pages. Challenge yourself. Do the questions quickly. Time yourself the first time, and then "Beat Your Best Time!" every time.

5 x 7 = ____	11 x 5 = ____	4 x 5 = ____	5 x 2 = ____	5 x 12 = ____	5 x 3 = ____
8 x 5 = ____	5 x 7 = ____	10 x 5 = ____	4 x 5 = ____	8 x 5 = ____	5 x 6 = ____
5 x 7 = ____	5 x 2 = ____			5 x 12 = ____	5 x 5 = ____
5 x 1 = ____	4 x 5 = ____			5 x 2 = ____	4 x 5 = ____

Reference Table

x	1	2	3	4	5	6	7	8	9	10	11	12
1	1	2	3	4	5	6	7	8	9	10	11	12
2	2	4	6	8	10	12	14	16	18	20	22	24
3	3	6	9	12	15	18	21	24	27	30	33	36
4	4	8	12	16	20	24	28	32	36	40	44	48
5	5	10	15	20	25	30	35	40	45	50	55	60
6	6	12	18	24	30	36	42	48	54	60	66	72
7	7	14	21	28	35	42	49	56	63	70	77	84
8	8	16	24	32	40	48	56	64	72	80	88	96
9	9	18	27	36	45	54	63	72	81	90	99	108
10	10	20	30	40	50	60	70	80	90	100	110	120
11	11	22	33	44	55	66	77	88	99	110	121	132
12	12	24	36	48	60	72	84	96	108	120	132	144

4 x 5 = ____	10 x 5 = ____	5 x 12 = ____	5 x 3 = ____	5 x 7 = ____	7 x 5 = ____
11 x 5 = ____	5 x 8 = ____	5 x 4 = ____	4 x 5 = ____	10 x 5 = ____	5 x 12 = ____
5 x 9 = ____	5 x 5 = ____	5 x 9 = ____	10 x 5 = ____	5 x 9 = ____	5 x 3 = ____

CHAPTER 4

Times 5

LESSON 1

Time Taken: _______Minutes, and _______Seconds

5 x 6 = ___	8 x 5 = ___	5 x 9 = ___	6 x 5 = ___	4 x 5 = ___	12 x 5 = ___
7 x 5 = ___	4 x 5 = ___	5 x 2 = ___	5 x 8 = ___	10 x 5 = ___	4 x 5 = ___
4 x 5 = ___	11 x 5 = ___	5 x 7 = ___	8 x 5 = ___	5 x 12 = ___	5 x 4 = ___
5 x 1 = ___	4 x 5 = ___	8 x 5 = ___	5 x 12 = ___	8 x 5 = ___	4 x 5 = ___
5 x 12 = ___	9 x 5 = ___	4 x 5 = ___	9 x 5 = ___	5 x 9 = ___	5 x 5 = ___
6 x 5 = ___	5 x 8 = ___	5 x 5 = ___	5 x 8 = ___	8 x 5 = ___	5 x 8 = ___
5 x 7 = ___	5 x 3 = ___	4 x 5 = ___	8 x 5 = ___	5 x 8 = ___	10 x 5 = ___

CHAPTER **4**

Times 5

LESSON **2**

Feel free to look up any answers in the Reference Table. That means "No Excuses" for wrong answers - 100% accuracy is expected. Your score is the "Time Taken" to complete all questions on these two pages. Challenge yourself. Do the questions quickly. Time yourself the first time, and then "Beat Your Best Time!" every time.

5 x 12 = ____	6 x 5 = ____	5 x 8 = ____	7 x 5 = ____	5 x 7 = ____	9 x 5 = ____
12 x 5 = ____	0 x 5 = ____	10 x 5 = ____	5 x 12 = ____	12 x 5 = ____	5 x 9 = ____
5 x 7 = ____	11 x 5 = ____			5 x 9 = ____	12 x 5 = ____
5 x 5 = ____	5 x 6 = ____			8 x 5 = ____	5 x 12 = ____
5 x 9 = ____	7 x 5 = ____	4 x 5 = ____	10 x 5 = ____	5 x 12 = ____	5 x 5 = ____
5 x 5 = ____	4 x 5 = ____	8 x 5 = ____	5 x 6 = ____	10 x 5 = ____	5 x 7 = ____
5 x 12 = ____	8 x 5 = ____	5 x 9 = ____	5 x 3 = ____	4 x 5 = ____	5 x 3 = ____

Reference Table

X	1	2	3	4	5	6	7	8	9	10	11	12
1	1	2	3	4	5	6	7	8	9	10	11	12
2	2	4	6	8	10	12	14	16	18	20	22	24
3	3	6	9	12	15	18	21	24	27	30	33	36
4	4	8	12	16	20	24	28	32	36	40	44	48
5	5	10	15	20	25	30	35	40	45	50	55	60
6	6	12	18	24	30	36	42	48	54	60	66	72
7	7	14	21	28	35	42	49	56	63	70	77	84
8	8	16	24	32	40	48	56	64	72	80	88	96
9	9	18	27	36	45	54	63	72	81	90	99	108
10	10	20	30	40	50	60	70	80	90	100	110	120
11	11	22	33	44	55	66	77	88	99	110	121	132
12	12	24	36	48	60	72	84	96	108	120	132	144

CHAPTER 4

Times 5

LESSON 2

Time Taken: _______Minutes, and _______Seconds

5 x 8	8 x 5	5 x 7	5 x 1	5 x 12	5 x 5
12 x 5	4 x 5	7 x 5	4 x 5	12 x 5	4 x 5
5 x 6	12 x 5	5 x 12	12 x 5	4 x 5	5 x 2
8 x 5	5 x 12	5 x 3	4 x 5	7 x 5	5 x 12
4 x 5	12 x 5	5 x 8	5 x 4	5 x 12	5 x 2
6 x 5	5 x 7	5 x 0	5 x 12	10 x 5	5 x 8
4 x 5	12 x 5	4 x 5	6 x 5	4 x 5	5 x 5

CHAPTER

4

Times 5

LESSON

3

Feel free to look up any answers in the Reference Table. That means "No Excuses" for wrong answers - 100% accuracy is expected. Your score is the "Time Taken" to complete all questions on these two pages. Challenge yourself. Do the questions quickly. Time yourself the first time, and then "Beat Your Best Time!" every time.

5 x 7 _____	8 x 5 _____	5 x 7 _____	5 x 2 _____	5 x 8 _____	10 x 5 _____
7 x 5 _____	5 x 10 _____	11 x 5 _____	5 x 7 _____	5 x 3 _____	5 x 9 _____
5 x 12 _____	6 x 5 _____			5 x 8 _____	5 x 2 _____
5 x 1 _____	5 x 9 _____			12 x 5 _____	5 x 6 _____

Reference Table

X	1	2	3	4	5	6	7	8	9	10	11	12
1	1	2	3	4	5	6	7	8	9	10	11	12
2	2	4	6	8	10	12	14	16	18	20	22	24
3	3	6	9	12	15	18	21	24	27	30	33	36
4	4	8	12	16	20	24	28	32	36	40	44	48
5	5	10	15	20	25	30	35	40	45	50	55	60
6	6	12	18	24	30	36	42	48	54	60	66	72
7	7	14	21	28	35	42	49	56	63	70	77	84
8	8	16	24	32	40	48	56	64	72	80	88	96
9	9	18	27	36	45	54	63	72	81	90	99	108
10	10	20	30	40	50	60	70	80	90	100	110	120
11	11	22	33	44	55	66	77	88	99	110	121	132
12	12	24	36	48	60	72	84	96	108	120	132	144

4 x 5 _____	9 x 5 _____	5 x 8 _____	10 x 5 _____	5 x 9 _____	5 x 2 _____
5 x 5 _____	4 x 5 _____	5 x 4 _____	5 x 8 _____	9 x 5 _____	5 x 6 _____
5 x 6 _____	5 x 5 _____	5 x 7 _____	5 x 3 _____	4 x 5 _____	9 x 5 _____

CHAPTER **4**

Times 5

LESSON **3**

Time Taken: _______Minutes, and _______Seconds

5 x 8 _______	5 x 5 _______	4 x 5 _______	5 x 1 _______	4 x 5 _______	9 x 5 _______
5 x 4 _______	5 x 12 _______	5 x 5 _______	5 x 6 _______	9 x 5 _______	5 x 6 _______
4 x 5 _______	11 x 5 _______	4 x 5 _______	12 x 5 _______	5 x 9 _______	5 x 2 _______
11 x 5 _______	5 x 9 _______	5 x 5 _______	5 x 7 _______	5 x 5 _______	5 x 6 _______
5 x 9 _______	9 x 5 _______	5 x 12 _______	5 x 4 _______	5 x 12 _______	7 x 5 _______
11 x 5 _______	4 x 5 _______	5 x 5 _______	5 x 6 _______	6 x 5 _______	5 x 7 _______
5 x 7 _______	10 x 5 _______	5 x 8 _______	5 x 5 _______	5 x 9 _______	8 x 5 _______

CHAPTER 4

Times 5

LESSON 4

Feel free to look up any answers in the Reference Table. That means "No Excuses" for wrong answers - 100% accuracy is expected. Your score is the "Time Taken" to complete all questions on these two pages. Challenge yourself. Do the questions quickly. Time yourself the first time, and then "Beat Your Best Time!" every time.

5 x 7 = ____	5 x 5 = ____	5 x 8 = ____	5 x 5 = ____	5 x 9 = ____	11 x 5 = ____
6 x 5 = ____	0 x 5 = ____	11 x 5 = ____	5 x 9 = ____	6 x 5 = ____	5 x 7 = ____
5 x 9 = ____	12 x 5 = ____			5 x 7 = ____	5 x 4 = ____
5 x 2 = ____	5 x 12 = ____			7 x 5 = ____	5 x 6 = ____
5 x 8 = ____	5 x 2 = ____	4 x 5 = ____	10 x 5 = ____	5 x 7 = ____	9 x 5 = ____
9 x 5 = ____	5 x 6 = ____	5 x 5 = ____	5 x 6 = ____	7 x 5 = ____	5 x 8 = ____
4 x 5 = ____	11 x 5 = ____	5 x 8 = ____	10 x 5 = ____	5 x 8 = ____	5 x 5 = ____

Reference Table

X	1	2	3	4	5	6	7	8	9	10	11	12
1	1	2	3	4	5	6	7	8	9	10	11	12
2	2	4	6	8	10	12	14	16	18	20	22	24
3	3	6	9	12	15	18	21	24	27	30	33	36
4	4	8	12	16	20	24	28	32	36	40	44	48
5	5	10	15	20	25	30	35	40	45	50	55	60
6	6	12	18	24	30	36	42	48	54	60	66	72
7	7	14	21	28	35	42	49	56	63	70	77	84
8	8	16	24	32	40	48	56	64	72	80	88	96
9	9	18	27	36	45	54	63	72	81	90	99	108
10	10	20	30	40	50	60	70	80	90	100	110	120
11	11	22	33	44	55	66	77	88	99	110	121	132
12	12	24	36	48	60	72	84	96	108	120	132	144

ISBN: 978-0-9689408-4-6

Times 5

Time Taken: _______Minutes, and _______Seconds

4 x 5 = ____	5 x 4 = ____	5 x 7 = ____	5 x 0 = ____	5 x 12 = ____	7 x 5 = ____
8 x 5 = ____	5 x 5 = ____	6 x 5 = ____	5 x 9 = ____	7 x 5 = ____	5 x 6 = ____
5 x 12 = ____	8 x 5 = ____	5 x 6 = ____	10 x 5 = ____	5 x 8 = ____	7 x 5 = ____
12 x 5 = ____	5 x 6 = ____	5 x 3 = ____	5 x 6 = ____	5 x 3 = ____	5 x 7 = ____
5 x 9 = ____	6 x 5 = ____	4 x 5 = ____	11 x 5 = ____	5 x 7 = ____	9 x 5 = ____
9 x 5 = ____	5 x 7 = ____	10 x 5 = ____	5 x 9 = ____	12 x 5 = ____	5 x 6 = ____
5 x 9 = ____	11 x 5 = ____	5 x 9 = ____	5 x 3 = ____	5 x 12 = ____	9 x 5 = ____

CHAPTER

Times 5

LESSON 5

Feel free to look up any answers in the Reference Table. That means "No Excuses" for wrong answers - 100% accuracy is expected. Your score is the "Time Taken" to complete all questions on these two pages. Challenge yourself. Do the questions quickly. Time yourself the first time, and then "Beat Your Best Time!" every time.

4	12	5	7	4	5
x 5	x 5	x 12	x 5	x 5	x 3
____	____	____	____	____	____

12	4	6	5	5	5
x 5	x 5	x 5	x 7	x 2	x 12
____	____	____	____	____	____

5	7	5	12
x 9	x 5	x 9	x 5
____	____	____	____

8	5	5	5
x 5	x 9	x 3	x 7
____	____	____	____

Reference Table

x	1	2	3	4	5	6	7	8	9	10	11	12
1	1	2	3	4	5	6	7	8	9	10	11	12
2	2	4	6	8	10	12	14	16	18	20	22	24
3	3	6	9	12	15	18	21	24	27	30	33	36
4	4	8	12	16	20	24	28	32	36	40	44	48
5	5	10	15	20	25	30	35	40	45	50	55	60
6	6	12	18	24	30	36	42	48	54	60	66	72
7	7	14	21	28	35	42	49	56	63	70	77	84
8	8	16	24	32	40	48	56	64	72	80	88	96
9	9	18	27	36	45	54	63	72	81	90	99	108
10	10	20	30	40	50	60	70	80	90	100	110	120
11	11	22	33	44	55	66	77	88	99	110	121	132
12	12	24	36	48	60	72	84	96	108	120	132	144

5	5	5	5	5	8
x 8	x 5	x 6	x 3	x 6	x 5
____	____	____	____	____	____

5	5	8	5	10	5
x 3	x 8	x 5	x 7	x 5	x 8
____	____	____	____	____	____

5	10	4	10	5	8
x 9	x 5	x 5	x 5	x 12	x 5
____	____	____	____	____	____

CHAPTER 4

Times 5

LESSON 5

Time Taken: _______Minutes, and _______Seconds

4 x 5 = ____	9 x 5 = ____	5 x 6 = ____	5 x 4 = ____	4 x 5 = ____	10 x 5 = ____
8 x 5 = ____	5 x 5 = ____	8 x 5 = ____	5 x 12 = ____	5 x 3 = ____	5 x 12 = ____
5 x 12 = ____	5 x 4 = ____	5 x 6 = ____	8 x 5 = ____	4 x 5 = ____	6 x 5 = ____
5 x 3 = ____	5 x 7 = ____	10 x 5 = ____	5 x 8 = ____	5 x 4 = ____	5 x 6 = ____
5 x 7 = ____	11 x 5 = ____	5 x 8 = ____	5 x 4 = ____	5 x 12 = ____	11 x 5 = ____
8 x 5 = ____	4 x 5 = ____	7 x 5 = ____	5 x 7 = ____	5 x 4 = ____	5 x 12 = ____
5 x 8 = ____	5 x 2 = ____	5 x 12 = ____	9 x 5 = ____	5 x 12 = ____	11 x 5 = ____

CHAPTER

5

Times 3

LESSON

1

Feel free to look up any answers in the Reference Table. That means "No Excuses" for wrong answers - 100% accuracy is expected. Your score is the "Time Taken" to complete all questions on these two pages. Challenge yourself. Do the questions quickly. Time yourself the first time, and then "Beat Your Best Time!" every time.

3 x 7 ____	8 x 3 ____	3 x 8 ____	5 x 3 ____	3 x 7 ____	9 x 3 ____
5 x 3 ____	3 x 4 ____	9 x 3 ____	3 x 7 ____	3 x 3 ____	3 x 6 ____
3 x 4 ____	5 x 3 ____			3 x 5 ____	3 x 2 ____
4 x 3 ____	3 x 4 ____			8 x 3 ____	3 x 6 ____
3 x 6 ____	6 x 3 ____	3 x 12 ____	8 x 3 ____	3 x 7 ____	7 x 3 ____
7 x 3 ____	3 x 4 ____	10 x 3 ____	3 x 7 ____	10 x 3 ____	3 x 8 ____
3 x 7 ____	3 x 2 ____	3 x 8 ____	7 x 3 ____	3 x 6 ____	12 x 3 ____

Reference Table

X	1	2	3	4	5	6	7	8	9	10	11	12
1	1	2	3	4	5	6	7	8	9	10	11	12
2	2	4	6	8	10	12	14	16	18	20	22	24
3	3	6	9	12	15	18	21	24	27	30	33	36
4	4	8	12	16	20	24	28	32	36	40	44	48
5	5	10	15	20	25	30	35	40	45	50	55	60
6	6	12	18	24	30	36	42	48	54	60	66	72
7	7	14	21	28	35	42	49	56	63	70	77	84
8	8	16	24	32	40	48	56	64	72	80	88	96
9	9	18	27	36	45	54	63	72	81	90	99	108
10	10	20	30	40	50	60	70	80	90	100	110	120
11	11	22	33	44	55	66	77	88	99	110	121	132
12	12	24	36	48	60	72	84	96	108	120	132	144

CHAPTER 5

Times 3

LESSON 1

Time Taken: _______Minutes, and _______Seconds

3 x 9 = ____	5 x 3 = ____	3 x 8 = ____	3 x 2 = ____	3 x 7 = ____	10 x 3 = ____
3 x 3 = ____	3 x 12 = ____	3 x 2 = ____	3 x 4 = ____	4 x 3 = ____	3 x 6 = ____
3 x 7 = ____	12 x 3 = ____	3 x 8 = ____	5 x 3 = ____	3 x 5 = ____	10 x 3 = ____
11 x 3 = ____	3 x 9 = ____	11 x 3 = ____	3 x 4 = ____	9 x 3 = ____	3 x 8 = ____
3 x 5 = ____	3 x 3 = ____	3 x 4 = ____	3 x 2 = ____	3 x 6 = ____	10 x 3 = ____
11 x 3 = ____	3 x 4 = ____	6 x 3 = ____	3 x 5 = ____	12 x 3 = ____	3 x 7 = ____
3 x 5 = ____	3 x 3 = ____	3 x 9 = ____	7 x 3 = ____	3 x 4 = ____	6 x 3 = ____

CHAPTER

5

Times 3

LESSON

2

Feel free to look up any answers in the Reference Table. That means "No Excuses" for wrong answers - 100% accuracy is expected. Your score is the "Time Taken" to complete all questions on these two pages. Challenge yourself. Do the questions quickly. Time yourself the first time, and then "Beat Your Best Time!" every time.

3 x 8 ____ 5 x 3 ____ 3 x 12 ____ 11 x 3 ____ 3 x 7 ____ 5 x 3 ____

8 x 3 ____ 3 x 12 ____ 7 x 3 ____ 3 x 9 ____ 3 x 2 ____ 3 x 8 ____

3 x 5 ____ 7 x 3 ____ 3 x 5 ____ 3 x 3 ____

5 x 3 ____ 3 x 6 ____ 3 x 3 ____ 3 x 7 ____

Reference Table

x	1	2	3	4	5	6	7	8	9	10	11	12
1	1	2	3	4	5	6	7	8	9	10	11	12
2	2	4	6	8	10	12	14	16	18	20	22	24
3	3	6	9	12	15	18	21	24	27	30	33	36
4	4	8	12	16	20	24	28	32	36	40	44	48
5	5	10	15	20	25	30	35	40	45	50	55	60
6	6	12	18	24	30	36	42	48	54	60	66	72
7	7	14	21	28	35	42	49	56	63	70	77	84
8	8	16	24	32	40	48	56	64	72	80	88	96
9	9	18	27	36	45	54	63	72	81	90	99	108
10	10	20	30	40	50	60	70	80	90	100	110	120
11	11	22	33	44	55	66	77	88	99	110	121	132
12	12	24	36	48	60	72	84	96	108	120	132	144

3 x 12 ____ 4 x 3 ____ 3 x 6 ____ 4 x 3 ____ 3 x 6 ____ 3 x 3 ____

3 x 3 ____ 3 x 7 ____ 7 x 3 ____ 3 x 4 ____ 10 x 3 ____ 3 x 5 ____

3 x 12 ____ 9 x 3 ____ 3 x 7 ____ 11 x 3 ____ 3 x 8 ____ 10 x 3 ____

CHAPTER 5

Times 3

LESSON 2

Time Taken: _______Minutes, and _______Seconds

3 x 7	3 x 3	3 x 7	8 x 3	3 x 9	3 x 2
11 x 3	3 x 8	9 x 3	3 x 7	9 x 3	3 x 5
3 x 12	6 x 3	3 x 4	7 x 3	3 x 7	5 x 3
12 x 3	3 x 6	10 x 3	3 x 4	3 x 2	3 x 4
3 x 4	4 x 3	3 x 8	10 x 3	3 x 12	3 x 3
3 x 3	3 x 6	9 x 3	3 x 9	12 x 3	3 x 8
3 x 6	7 x 3	3 x 8	11 x 3	3 x 7	6 x 3

CHAPTER

5

Times 3

LESSON

3

Feel free to look up any answers in the Reference Table. That means "No Excuses" for wrong answers - 100% accuracy is expected. Your score is the "Time Taken" to complete all questions on these two pages. Challenge yourself. Do the questions quickly. Time yourself the first time, and then "Beat Your Best Time!" every time.

3 x 5	12 x 3	3 x 4	3 x 2	3 x 8	11 x 3
6 x 3	3 x 6	10 x 3	3 x 7	6 x 3	3 x 6
3 x 4	3 x 3			3 x 6	3 x 3
3 x 3	3 x 5			7 x 3	3 x 5
3 x 8	8 x 3	3 x 4	11 x 3	3 x 7	6 x 3
3 x 3	3 x 9	3 x 0	3 x 8	10 x 3	3 x 6
3 x 4	4 x 3	3 x 7	11 x 3	3 x 6	6 x 3

Reference Table

X	1	2	3	4	5	6	7	8	9	10	11	12
1	1	2	3	4	5	6	7	8	9	10	11	12
2	2	4	6	8	10	12	14	16	18	20	22	24
3	3	6	9	12	15	18	21	24	27	30	33	36
4	4	8	12	16	20	24	28	32	36	40	44	48
5	5	10	15	20	25	30	35	40	45	50	55	60
6	6	12	18	24	30	36	42	48	54	60	66	72
7	7	14	21	28	35	42	49	56	63	70	77	84
8	8	16	24	32	40	48	56	64	72	80	88	96
9	9	18	27	36	45	54	63	72	81	90	99	108
10	10	20	30	40	50	60	70	80	90	100	110	120
11	11	22	33	44	55	66	77	88	99	110	121	132
12	12	24	36	48	60	72	84	96	108	120	132	144

CHAPTER 5

Times 3

LESSON 3

Time Taken: _______Minutes, and _______Seconds

3 x 4 = ___	3 x 2 = ___	3 x 4 = ___	7 x 3 = ___	3 x 6 = ___	8 x 3 = ___
9 x 3 = ___	3 x 9 = ___	9 x 3 = ___	3 x 6 = ___	7 x 3 = ___	3 x 6 = ___
3 x 5 = ___	3 x 2 = ___	3 x 9 = ___	6 x 3 = ___	3 x 6 = ___	7 x 3 = ___
3 x 2 = ___	3 x 7 = ___	5 x 3 = ___	3 x 8 = ___	12 x 3 = ___	3 x 8 = ___
3 x 6 = ___	4 x 3 = ___	3 x 8 = ___	10 x 3 = ___	3 x 7 = ___	5 x 3 = ___
12 x 3 = ___	3 x 6 = ___	3 x 2 = ___	3 x 4 = ___	10 x 3 = ___	3 x 6 = ___
3 x 4 = ___	11 x 3 = ___	3 x 4 = ___	6 x 3 = ___	3 x 5 = ___	5 x 3 = ___

CHAPTER **5**

Times 3

LESSON **4**

Feel free to look up any answers in the Reference Table. That means "No Excuses" for wrong answers - 100% accuracy is expected. Your score is the "Time Taken" to complete all questions on these two pages. Challenge yourself. Do the questions quickly. Time yourself the first time, and then "Beat Your Best Time!" every time.

3	3	3	8	3	12
x 9	x 3	x 12	x 3	x 7	x 3
____	____	____	____	____	____

4	3	8	3	4	3
x 3	x 7	x 3	x 8	x 3	x 9
____	____	____	____	____	____

3	3	3	3
x 9	x 2	x 12	x 2
____	____	____	____

10	3	9	3
x 3	x 12	x 3	x 5
____	____	____	____

Reference Table

x	1	2	3	4	5	6	7	8	9	10	11	12
1	1	2	3	4	5	6	7	8	9	10	11	12
2	2	4	6	8	10	12	14	16	18	20	22	24
3	3	6	9	12	15	18	21	24	27	30	33	36
4	4	8	12	16	20	24	28	32	36	40	44	48
5	5	10	15	20	25	30	35	40	45	50	55	60
6	6	12	18	24	30	36	42	48	54	60	66	72
7	7	14	21	28	35	42	49	56	63	70	77	84
8	8	16	24	32	40	48	56	64	72	80	88	96
9	9	18	27	36	45	54	63	72	81	90	99	108
10	10	20	30	40	50	60	70	80	90	100	110	120
11	11	22	33	44	55	66	77	88	99	110	121	132
12	12	24	36	48	60	72	84	96	108	120	132	144

3	3	3	3	3	4
x 6	x 2	x 9	x 2	x 12	x 3
____	____	____	____	____	____

12	3	3	3	3	3
x 3	x 8	x 2	x 4	x 2	x 7
____	____	____	____	____	____

3	10	3	11	3	10
x 12	x 3	x 12	x 3	x 6	x 3
____	____	____	____	____	____

CHAPTER 5

Times 3

LESSON 4

Time Taken: _______Minutes, and _______Seconds

3 x 12	8 x 3	3 x 7	3 x 3	3 x 4	6 x 3
4 x 3	3 x 5	9 x 3	3 x 8	7 x 3	3 x 4
3 x 6	12 x 3	3 x 5	10 x 3	3 x 4	9 x 3
8 x 3	3 x 12	6 x 3	3 x 9	9 x 3	3 x 5
3 x 6	3 x 3	3 x 7	6 x 3	3 x 12	10 x 3
3 x 2	3 x 7	5 x 3	3 x 9	8 x 3	3 x 4
3 x 5	11 x 3	3 x 9	9 x 3	3 x 12	12 x 3

CHAPTER **5** | LESSON **5**

Times 3

Feel free to look up any answers in the Reference Table. That means "No Excuses" for wrong answers - 100% accuracy is expected. Your score is the "Time Taken" to complete all questions on these two pages. Challenge yourself. Do the questions quickly. Time yourself the first time, and then "Beat Your Best Time!" every time.

3 x 8	8 x 3	3 x 8	12 x 3	3 x 12	12 x 3
7 x 3	3 x 5	8 x 3	3 x 8	6 x 3	3 x 7
3 x 6	9 x 3			3 x 4	3 x 3
8 x 3	3 x 9			11 x 3	3 x 6
3 x 12	3 x 3	3 x 8	12 x 3	3 x 5	4 x 3
12 x 3	3 x 6	3 x 1	3 x 12	9 x 3	3 x 9
3 x 7	12 x 3	3 x 4	5 x 3	3 x 4	7 x 3

Reference Table

x	1	2	3	4	5	6	7	8	9	10	11	12
1	1	2	3	4	5	6	7	8	9	10	11	12
2	2	4	6	8	10	12	14	16	18	20	22	24
3	3	6	9	12	15	18	21	24	27	30	33	36
4	4	8	12	16	20	24	28	32	36	40	44	48
5	5	10	15	20	25	30	35	40	45	50	55	60
6	6	12	18	24	30	36	42	48	54	60	66	72
7	7	14	21	28	35	42	49	56	63	70	77	84
8	8	16	24	32	40	48	56	64	72	80	88	96
9	9	18	27	36	45	54	63	72	81	90	99	108
10	10	20	30	40	50	60	70	80	90	100	110	120
11	11	22	33	44	55	66	77	88	99	110	121	132
12	12	24	36	48	60	72	84	96	108	120	132	144

Times 3

Time Taken: _______Minutes, and _______Seconds

3 x 5 _____	7 x 3 _____	3 x 6 _____	9 x 3 _____	3 x 9 _____	4 x 3 _____
5 x 3 _____	3 x 4 _____	6 x 3 _____	3 x 7 _____	12 x 3 _____	3 x 7 _____
3 x 5 _____	10 x 3 _____	3 x 5 _____	11 x 3 _____	3 x 7 _____	3 x 3 _____
3 x 2 _____	3 x 4 _____	3 x 2 _____	3 x 9 _____	10 x 3 _____	3 x 8 _____
3 x 12 _____	11 x 3 _____	3 x 5 _____	6 x 3 _____	3 x 7 _____	8 x 3 _____
3 x 2 _____	3 x 9 _____	3 x 0 _____	3 x 9 _____	7 x 3 _____	3 x 8 _____
3 x 12 _____	10 x 3 _____	3 x 8 _____	7 x 3 _____	3 x 4 _____	11 x 3 _____

If I were again beginning my studies, I would follow the advice of Plato and start with mathematics.

Galileo Galilei

CHAPTER

6 Times 11 and an Awesome Trick

LESSON A

The 11 Times Trick

11 times any number from 1 to 9 is simply duplicated (11x3=33, 11x7=77). The two most challenging questions from the 11 times table are 11x11 and 11x12. The British research showed that 11x11 was answered incorrectly 49.6% of the time, and 11x12 was incorrect 49.5% of the time. Well, the trick you're about to learn makes it very easy. Here are 3 examples to show you how it works.

To multiply 11x12:

Step 1: Split the number 12 apart (1_2). Create enough space for another number in the middle.

Step 2: Add the two digits in 12 (1+2=**3**) and insert this **3** in the space created in Step 1. That is, insert **3** in the middle (132). That is it, 11x12=132.

To multiply 11x11:

Step 1: Split the number 11 apart (1_1). Create enough space for another number in the middle.

Step 2: Add the two digits in 11 (1+1=**2**) and insert this **2** in the space created in Step 1. That is, insert **2** in the middle (121). That is it, 11x11=121.

To multiply 11x15:

Step 1: Split the number 15 apart (1_5). Create enough space for another number in the middle.

Step 2: Add the two digits in 15 (1+5=**6**) and insert this **6** in the space created in Step 1. That is, insert **6** in the middle (165). That is it, 11x15=165.

CAUTION:

If the sum of the two digits is 10 or more, then the trick explained above requires an additional step to arrive at the correct answer. This part is more advanced, but it is included here for the sake of completeness.

To multiply 11x65:

Step 1: Split the number 65 apart (6__5). Create enough space for another number in the middle.

Step 2: Add the two digits in 65 (6+5=**11**) and insert this **11** in the space created in Step 1. That is, insert **11** in the middle (6115). This answer is incorrect! The tens unit in **11** must be carried over, or simply add the first two digits in 6115 and leave the rest the same. That is, 6+1=7, and leave 15 as it is. So the correct answer is: 11x65=715.

CHAPTER 6

LESSON 1

Times 11

Feel free to look up any answers in the Reference Table. That means "No Excuses" for wrong answers - 100% accuracy is expected. Your score is the "Time Taken" to complete all questions on these two pages. Challenge yourself. Do the questions quickly. Time yourself the first time, and then "Beat Your Best Time!" every time.

11 x 12 = ____	11 x 2 = ____	11 x 12 = ____	11 x 4 = ____	0 x 11 = ____	11 x 10 = ____
11 x 8 = ____	12 x 11 = ____	11 x 8 = ____	12 x 11 = ____	11 x 3 = ____	11 x 11 = ____
10 x 11 = ____	11 x 6 = ____			11 x 12 = ____	11 x 10 = ____
11 x 6 = ____	11 x 11 = ____			11 x 2 = ____	11 x 4 = ____

Reference Table

x	1	2	3	4	5	6	7	8	9	10	11	12
1	1	2	3	4	5	6	7	8	9	10	11	12
2	2	4	6	8	10	12	14	16	18	20	22	24
3	3	6	9	12	15	18	21	24	27	30	33	36
4	4	8	12	16	20	24	28	32	36	40	44	48
5	5	10	15	20	25	30	35	40	45	50	55	60
6	6	12	18	24	30	36	42	48	54	60	66	72
7	7	14	21	28	35	42	49	56	63	70	77	84
8	8	16	24	32	40	48	56	64	72	80	88	96
9	9	18	27	36	45	54	63	72	81	90	99	108
10	10	20	30	40	50	60	70	80	90	100	110	120
11	11	22	33	44	55	66	77	88	99	110	121	132
12	12	24	36	48	60	72	84	96	108	120	132	144

11 x 12 = ____	12 x 11 = ____	10 x 11 = ____	11 x 11 = ____	12 x 11 = ____	11 x 7 = ____
11 x 8 = ____	12 x 11 = ____	11 x 9 = ____	12 x 11 = ____	11 x 10 = ____	11 x 11 = ____
11 x 12 = ____	11 x 8 = ____	11 x 11 = ____	11 x 5 = ____	12 x 11 = ____	11 x 10 = ____

CHAPTER 6

Times 11

LESSON 1

Time Taken: _______Minutes, and _______Seconds

11 x 11	11 x 4	10 x 11	11 x 6	11 x 12	11 x 9
12 x 11	11 x 11	11 x 7	11 x 11	12 x 11	11 x 10
11 x 12	11 x 9	11 x 12	12 x 11	11 x 11	11 x 3
11 x 3	11 x 11	11 x 4	12 x 11	11 x 3	11 x 6
11 x 11	11 x 8	11 x 12	11 x 4	11 x 11	11 x 6
11 x 9	12 x 11	11 x 4	11 x 11	10 x 11	11 x 11
11 x 12	11 x 6	11 x 10	12 x 11	11 x 12	11 x 9

CHAPTER **6**

Times 11

LESSON **2**

Feel free to look up any answers in the Reference Table. That means "No Excuses" for wrong answers - 100% accuracy is expected. Your score is the "Time Taken" to complete all questions on these two pages. Challenge yourself. Do the questions quickly. Time yourself the first time, and then "Beat Your Best Time!" every time.

11 x 12 = ____	11 x 9 = ____	11 x 11 = ____	11 x 10 = ____	5 x 11 = ____	11 x 10 = ____
11 x 4 = ____	12 x 11 = ____	11 x 2 = ____	12 x 11 = ____	11 x 6 = ____	11 x 11 = ____
6 x 11 = ____	11 x 7 = ____			11 x 12 = ____	11 x 9 = ____
11 x 6 = ____	12 x 11 = ____			11 x 4 = ____	11 x 1 = ____

Reference Table

x	1	2	3	4	5	6	7	8	9	10	11	12
1	1	2	3	4	5	6	7	8	9	10	11	12
2	2	4	6	8	10	12	14	16	18	20	22	24
3	3	6	9	12	15	18	21	24	27	30	33	36
4	4	8	12	16	20	24	28	32	36	40	44	48
5	5	10	15	20	25	30	35	40	45	50	55	60
6	6	12	18	24	30	36	42	48	54	60	66	72
7	7	14	21	28	35	42	49	56	63	70	77	84
8	8	16	24	32	40	48	56	64	72	80	88	96
9	9	18	27	36	45	54	63	72	81	90	99	108
10	10	20	30	40	50	60	70	80	90	100	110	120
11	11	22	33	44	55	66	77	88	99	110	121	132
12	12	24	36	48	60	72	84	96	108	120	132	144

11 x 12 = ____	11 x 6 = ____	11 x 12 = ____	10 x 11 = ____	11 x 11 = ____	12 x 11 = ____
11 x 5 = ____	10 x 11 = ____	12 x 11 = ____	11 x 11 = ____	11 x 10 = ____	12 x 11 = ____
11 x 12 = ____	11 x 10 = ____	11 x 11 = ____	11 x 9 = ____	11 x 11 = ____	11 x 3 = ____

ISBN: 978-0-9689408-4-6

6

Times 11

2

Time Taken: _______Minutes, and _______Seconds

11 x 11	11 x 3	10 x 11	11 x 8	4 x 11	11 x 2
11 x 10	11 x 11	11 x 3	11 x 11	11 x 9	12 x 11
8 x 11	11 x 7	12 x 11	11 x 11	11 x 12	11 x 9
11 x 10	12 x 11	11 x 5	12 x 11	11 x 3	11 x 6
11 x 11	12 x 11	10 x 11	11 x 7	11 x 11	11 x 6
11 x 4	12 x 11	11 x 10	12 x 11	11 x 8	11 x 11
11 x 11	11 x 7	11 x 12	11 x 10	11 x 11	11 x 3

ISBN: 978-0-9689408-4-6

CHAPTER **6**

Times 11

LESSON **3**

Feel free to look up any answers in the Reference Table. That means "No Excuses" for wrong answers - 100% accuracy is expected. Your score is the "Time Taken" to complete all questions on these two pages. Challenge yourself. Do the questions quickly. Time yourself the first time, and then "Beat Your Best Time!" every time.

11 x 12 = ____	11 x 6 = ____	11 x 11 = ____	11 x 5 = ____	7 x 11 = ____	11 x 9 = ____
11 x 3 = ____	12 x 11 = ____	11 x 11 = ____	12 x 11 = ____	11 x 7 = ____	12 x 11 = ____
5 x 11 = ____	11 x 8 = ____			11 x 12 = ____	11 x 9 = ____
11 x 9 = ____	12 x 11 = ____			11 x 11 = ____	11 x 1 = ____
11 x 12 = ____	11 x 8 = ____	11 x 11 = ____	12 x 11 = ____	10 x 11 = ____	11 x 11 = ____
11 x 6 = ____	11 x 11 = ____	11 x 3 = ____	11 x 10 = ____	11 x 2 = ____	11 x 11 = ____
12 x 11 = ____	11 x 10 = ____	11 x 11 = ____	11 x 9 = ____	11 x 11 = ____	11 x 10 = ____

Reference Table

x	1	2	3	4	5	6	7	8	9	10	11	12
1	1	2	3	4	5	6	7	8	9	10	11	12
2	2	4	6	8	10	12	14	16	18	20	22	24
3	3	6	9	12	15	18	21	24	27	30	33	36
4	4	8	12	16	20	24	28	32	36	40	44	48
5	5	10	15	20	25	30	35	40	45	50	55	60
6	6	12	18	24	30	36	42	48	54	60	66	72
7	7	14	21	28	35	42	49	56	63	70	77	84
8	8	16	24	32	40	48	56	64	72	80	88	96
9	9	18	27	36	45	54	63	72	81	90	99	108
10	10	20	30	40	50	60	70	80	90	100	110	120
11	11	22	33	44	55	66	77	88	99	110	121	132
12	12	24	36	48	60	72	84	96	108	120	132	144

6	# Times 11	3

Time Taken: _______Minutes, and _______Seconds

11 x 12	11 x 10	11 x 11	11 x 8	5 x 11	11 x 5
11 x 9	12 x 11	11 x 8	12 x 11	11 x 9	11 x 11
2 x 11	12 x 11	11 x 12	11 x 4	11 x 12	11 x 7
11 x 5	11 x 11	11 x 9	11 x 11	11 x 6	11 x 10
11 x 11	11 x 9	11 x 12	11 x 11	11 x 12	11 x 7
11 x 3	11 x 11	11 x 5	10 x 11	11 x 6	11 x 11
11 x 12	11 x 7	12 x 12	11 x 6	11 x 12	11 x 8

CHAPTER 6 LESSON 4

Times 11

Feel free to look up any answers in the Reference Table. That means "No Excuses" for wrong answers - 100% accuracy is expected. Your score is the "Time Taken" to complete all questions on these two pages. Challenge yourself. Do the questions quickly. Time yourself the first time, and then "Beat Your Best Time!" every time.

11 x 12 = ____	11 x 9 = ____	11 x 11 = ____	12 x 11 = ____	6 x 11 = ____	11 x 5 = ____
11 x 8 = ____	11 x 11 = ____	11 x 3 = ____	12 x 11 = ____	11 x 5 = ____	11 x 11 = ____
4 x 11 = ____	11 x 7 = ____			11 x 11 = ____	11 x 2 = ____
11 x 10 = ____	12 x 11 = ____			11 x 9 = ____	11 x 9 = ____
11 x 12 = ____	11 x 4 = ____	11 x 11 = ____	11 x 8 = ____	11 x 12 = ____	12 x 11 = ____
11 x 6 = ____	12 x 11 = ____	11 x 9 = ____	11 x 12 = ____	11 x 6 = ____	11 x 11 = ____
11 x 11 = ____	11 x 3 = ____	10 x 12 = ____	12 x 11 = ____	11 x 12 = ____	11 x 2 = ____

Reference Table

x	1	2	3	4	5	6	7	8	9	10	11	12
1	1	2	3	4	5	6	7	8	9	10	11	12
2	2	4	6	8	10	12	14	16	18	20	22	24
3	3	6	9	12	15	18	21	24	27	30	33	36
4	4	8	12	16	20	24	28	32	36	40	44	48
5	5	10	15	20	25	30	35	40	45	50	55	60
6	6	12	18	24	30	36	42	48	54	60	66	72
7	7	14	21	28	35	42	49	56	63	70	77	84
8	8	16	24	32	40	48	56	64	72	80	88	96
9	9	18	27	36	45	54	63	72	81	90	99	108
10	10	20	30	40	50	60	70	80	90	100	110	120
11	11	22	33	44	55	66	77	88	99	110	121	132
12	12	24	36	48	60	72	84	96	108	120	132	144

6

Times 11

4

Time Taken: _______Minutes, and _______Seconds

11 x 12	12 x 11	11 x 12	11 x 2	1 x 11	11 x 4
11 x 4	12 x 11	11 x 5	11 x 11	11 x 9	11 x 11
6 x 11	11 x 4	12 x 11	11 x 11	11 x 12	11 x 7
11 x 4	11 x 11	11 x 0	11 x 11	11 x 4	11 x 10
11 x 12	11 x 8	11 x 11	11 x 9	11 x 12	11 x 6
11 x 4	11 x 11	11 x 7	11 x 11	11 x 6	12 x 11
11 x 11	11 x 7	11 x 12	11 x 3	11 x 11	11 x 6

ISBN: 978-0-9689408-4-6

CHAPTER **6**

Times 11

LESSON **5**

Feel free to look up any answers in the Reference Table. That means "No Excuses" for wrong answers - 100% accuracy is expected. Your score is the "Time Taken" to complete all questions on these two pages. Challenge yourself. Do the questions quickly. Time yourself the first time, and then "Beat Your Best Time!" every time.

11 x 11 ____	11 x 7 ____	11 x 12 ____	11 x 10 ____	12 x 11 ____	11 x 11 ____
11 x 7 ____	12 x 11 ____	11 x 8 ____	11 x 12 ____	10 x 11 ____	12 x 11 ____
11 x 12 ____	11 x 8 ____			11 x 11 ____	12 x 11 ____
11 x 4 ____	12 x 11 ____			12 x 11 ____	11 x 10 ____

Reference Table

x	1	2	3	4	5	6	7	8	9	10	11	12
1	1	2	3	4	5	6	7	8	9	10	11	12
2	2	4	6	8	10	12	14	16	18	20	22	24
3	3	6	9	12	15	18	21	24	27	30	33	36
4	4	8	12	16	20	24	28	32	36	40	44	48
5	5	10	15	20	25	30	35	40	45	50	55	60
6	6	12	18	24	30	36	42	48	54	60	66	72
7	7	14	21	28	35	42	49	56	63	70	77	84
8	8	16	24	32	40	48	56	64	72	80	88	96
9	9	18	27	36	45	54	63	72	81	90	99	108
10	10	20	30	40	50	60	70	80	90	100	110	120
11	11	22	33	44	55	66	77	88	99	110	121	132
12	12	24	36	48	60	72	84	96	108	120	132	144

11 x 11 ____	11 x 8 ____	11 x 11 ____	11 x 10 ____	11 x 12 ____	11 x 4 ____
11 x 4 ____	12 x 11 ____	11 x 10 ____	11 x 11 ____	12 x 11 ____	12 x 11 ____
11 x 11 ____	11 x 8 ____	11 x 12 ____	11 x 8 ____	11 x 12 ____	11 x 6 ____

6

Times 11

5

Time Taken: _______Minutes, and _______Seconds

10 x 11	11 x 2	11 x 11	11 x 4	5 x 11	11 x 11
12 x 11	11 x 11	11 x 12	12 x 11	11 x 5	12 x 11
2 x 11	11 x 3	11 x 11	11 x 5	11 x 11	11 x 7
11 x 5	12 x 11	11 x 7	11 x 11	11 x 8	11 x 6
11 x 12	11 x 7	11 x 11	11 x 4	11 x 11	11 x 6
11 x 9	12 x 11	11 x 9	11 x 11	11 x 3	11 x 11
11 x 12	11 x 8	11 x 12	11 x 6	10 x 11	3 x 11

CHAPTER **7**

Mixed Review: The Easier Ones

LESSON **1**

Feel free to look up any answers in the Reference Table. That means "No Excuses" for wrong answers - 100% accuracy is expected. Your score is the "Time Taken" to complete all questions on these two pages. Challenge yourself. Do the questions quickly. Time yourself the first time, and then "Beat Your Best Time!" every time.

3 x 12	4 x 1	11 x 12	11 x 9	3 x 8	12 x 10
11 x 3	2 x 8	5 x 3	3 x 6	12 x 11	2 x 3
1 x 2	11 x 2			8 x 11	7 x 5
6 x 5	8 x 10			7 x 3	10 x 11
11 x 12	11 x 10	8 x 11	12 x 5	3 x 10	2 x 0
11 x 9	3 x 9	10 x 5	11 x 12	11 x 10	2 x 10
2 x 10	8 x 3	3 x 5	5 x 5	3 x 7	5 x 2

Reference Table

x	1	2	3	4	5	6	7	8	9	10	11	12
1	1	2	3	4	5	6	7	8	9	10	11	12
2	2	4	6	8	10	12	14	16	18	20	22	24
3	3	6	9	12	15	18	21	24	27	30	33	36
4	4	8	12	16	20	24	28	32	36	40	44	48
5	5	10	15	20	25	30	35	40	45	50	55	60
6	6	12	18	24	30	36	42	48	54	60	66	72
7	7	14	21	28	35	42	49	56	63	70	77	84
8	8	16	24	32	40	48	56	64	72	80	88	96
9	9	18	27	36	45	54	63	72	81	90	99	108
10	10	20	30	40	50	60	70	80	90	100	110	120
11	11	22	33	44	55	66	77	88	99	110	121	132
12	12	24	36	48	60	72	84	96	108	120	132	144

CHAPTER 7

Mixed Review: The Easier Ones

LESSON 1

Time Taken: _______Minutes, and _______Seconds

3 x 9	2 x 1	11 x 12	4 x 2	10 x 12	11 x 2
3 x 3	9 x 10	11 x 9	9 x 10	11 x 11	10 x 10
1 x 4	5 x 2	3 x 3	4 x 2	7 x 11	11 x 7
10 x 3	11 x 12	7 x 5	2 x 3	9 x 3	10 x 11
11 x 11	12 x 10	3 x 10	10 x 3	10 x 10	9 x 1
11 x 3	3 x 12	11 x 4	11 x 12	10 x 9	5 x 7
2 x 5	4 x 3	4 x 5	7 x 5	3 x 9	12 x 5

CHAPTER 7

Mixed Review: The Easier Ones

LESSON 2

Feel free to look up any answers in the Reference Table. That means "No Excuses" for wrong answers - 100% accuracy is expected. Your score is the "Time Taken" to complete all questions on these two pages. Challenge yourself. Do the questions quickly. Time yourself the first time, and then "Beat Your Best Time!" every time.

3 x 9 = ____	7 x 1 = ____	11 x 11 = ____	11 x 5 = ____	5 x 11 = ____	5 x 3 = ____
11 x 5 = ____	11 x 12 = ____	10 x 4 = ____	3 x 4 = ____	11 x 11 = ____	6 x 10 = ____
0 x 6 = ____	6 x 2 = ____			3 x 11 = ____	10 x 9 = ____
5 x 3 = ____	10 x 11 = ____			12 x 3 = ____	3 x 12 = ____

Reference Table

x	1	2	3	4	5	6	7	8	9	10	11	12
1	1	2	3	4	5	6	7	8	9	10	11	12
2	2	4	6	8	10	12	14	16	18	20	22	24
3	3	6	9	12	15	18	21	24	27	30	33	36
4	4	8	12	16	20	24	28	32	36	40	44	48
5	5	10	15	20	25	30	35	40	45	50	55	60
6	6	12	18	24	30	36	42	48	54	60	66	72
7	7	14	21	28	35	42	49	56	63	70	77	84
8	8	16	24	32	40	48	56	64	72	80	88	96
9	9	18	27	36	45	54	63	72	81	90	99	108
10	10	20	30	40	50	60	70	80	90	100	110	120
11	11	22	33	44	55	66	77	88	99	110	121	132
12	12	24	36	48	60	72	84	96	108	120	132	144

11 x 12 = ____	10 x 7 = ____	3 x 6 = ____	6 x 3 = ____	2 x 3 = ____	4 x 0 = ____
5 x 3 = ____	3 x 7 = ____	10 x 3 = ____	11 x 11 = ____	4 x 3 = ____	8 x 11 = ____
2 x 11 = ____	7 x 5 = ____	2 x 3 = ____	12 x 10 = ____	3 x 9 = ____	3 x 3 = ____

CHAPTER 7

Mixed Review: The Easier Ones

LESSON 2

Time Taken: _______Minutes, and _______Seconds

3 x 7	3 x 0	11 x 12	11 x 4	8 x 10	11 x 3
10 x 4	8 x 10	10 x 3	3 x 3	11 x 11	2 x 8
1 x 12	11 x 5	2 x 4	12 x 5	8 x 11	9 x 2
10 x 4	3 x 4	10 x 7	5 x 5	12 x 3	7 x 10
11 x 12	10 x 10	7 x 11	10 x 2	3 x 4	10 x 1
3 x 3	3 x 7	12 x 3	11 x 11	5 x 3	3 x 6
2 x 12	10 x 5	2 x 12	11 x 3	3 x 12	5 x 3

CHAPTER **7**

Mixed Review: The Easier Ones

LESSON **3**

Feel free to look up any answers in the Reference Table. That means "No Excuses" for wrong answers - 100% accuracy is expected. Your score is the "Time Taken" to complete all questions on these two pages. Challenge yourself. Do the questions quickly. Time yourself the first time, and then "Beat Your Best Time!" every time.

3 x 7	4 x 0	11 x 11	11 x 11	7 x 10	5 x 4
12 x 10	9 x 10	8 x 3	8 x 11	12 x 11	3 x 12

0 x 4	6 x 5	3 x 3	9 x 2
12 x 11	10 x 12	7 x 3	3 x 5

Reference Table

X	1	2	3	4	5	6	7	8	9	10	11	12
1	1	2	3	4	5	6	7	8	9	10	11	12
2	2	4	6	8	10	12	14	16	18	20	22	24
3	3	6	9	12	15	18	21	24	27	30	33	36
4	4	8	12	16	20	24	28	32	36	40	44	48
5	5	10	15	20	25	30	35	40	45	50	55	60
6	6	12	18	24	30	36	42	48	54	60	66	72
7	7	14	21	28	35	42	49	56	63	70	77	84
8	8	16	24	32	40	48	56	64	72	80	88	96
9	9	18	27	36	45	54	63	72	81	90	99	108
10	10	20	30	40	50	60	70	80	90	100	110	120
11	11	22	33	44	55	66	77	88	99	110	121	132
12	12	24	36	48	60	72	84	96	108	120	132	144

11 x 12	5 x 3	2 x 5	11 x 10	3 x 6	5 x 0
9 x 2	3 x 7	3 x 2	11 x 12	11 x 10	3 x 6
3 x 8	11 x 5	5 x 11	5 x 2	3 x 8	10 x 9

CHAPTER 7

Mixed Review: The Easier Ones

LESSON 3

Time Taken: _______Minutes, and _______Seconds

3 x 7	6 x 1	11 x 11	10 x 5	3 x 7	6 x 2
11 x 10	5 x 12	5 x 2	5 x 10	12 x 11	5 x 11
1 x 7	11 x 11	7 x 11	3 x 2	8 x 10	11 x 10
12 x 5	5 x 7	10 x 4	2 x 3	9 x 3	6 x 10
11 x 12	5 x 2	10 x 11	11 x 6	2 x 3	4 x 0
8 x 5	3 x 9	6 x 2	11 x 11	8 x 2	3 x 5
2 x 10	7 x 3	5 x 12	8 x 3	3 x 9	12 x 11

CHAPTER 7

Mixed Review: The Easier Ones

LESSON 4

Feel free to look up any answers in the Reference Table. That means "No Excuses" for wrong answers - 100% accuracy is expected. Your score is the "Time Taken" to complete all questions on these two pages. Challenge yourself. Do the questions quickly. Time yourself the first time, and then "Beat Your Best Time!" every time.

3 x 12 = ___	8 x 1 = ___	11 x 11 = ___	11 x 5 = ___	5 x 10 = ___	10 x 2 = ___
10 x 7 = ___	3 x 4 = ___	5 x 2 = ___	10 x 11 = ___	12 x 11 = ___	3 x 9 = ___
0 x 8 = ___	11 x 8 = ___			2 x 11 = ___	11 x 4 = ___
12 x 10 = ___	5 x 6 = ___			7 x 3 = ___	11 x 11 = ___
11 x 11 = ___	10 x 10 = ___	3 x 7 = ___	10 x 9 = ___	3 x 12 = ___	6 x 0 = ___
5 x 3 = ___	3 x 8 = ___	3 x 2 = ___	11 x 11 = ___	11 x 2 = ___	11 x 12 = ___
3 x 3 = ___	8 x 5 = ___	10 x 11 = ___	5 x 5 = ___	3 x 8 = ___	4 x 3 = ___

Reference Table

x	1	2	3	4	5	6	7	8	9	10	11	12
1	1	2	3	4	5	6	7	8	9	10	11	12
2	2	4	6	8	10	12	14	16	18	20	22	24
3	3	6	9	12	15	18	21	24	27	30	33	36
4	4	8	12	16	20	24	28	32	36	40	44	48
5	5	10	15	20	25	30	35	40	45	50	55	60
6	6	12	18	24	30	36	42	48	54	60	66	72
7	7	14	21	28	35	42	49	56	63	70	77	84
8	8	16	24	32	40	48	56	64	72	80	88	96
9	9	18	27	36	45	54	63	72	81	90	99	108
10	10	20	30	40	50	60	70	80	90	100	110	120
11	11	22	33	44	55	66	77	88	99	110	121	132
12	12	24	36	48	60	72	84	96	108	120	132	144

CHAPTER 7

Mixed Review: The Easier Ones

LESSON 4

Time Taken: _______Minutes, and _______Seconds

3 x 8 = ___	2 x 0 = ___	11 x 12 = ___	3 x 2 = ___	10 x 10 = ___	10 x 5 = ___
10 x 3 = ___	10 x 10 = ___	5 x 3 = ___	4 x 5 = ___	11 x 11 = ___	2 x 9 = ___
1 x 6 = ___	3 x 3 = ___	2 x 3 = ___	3 x 3 = ___	10 x 11 = ___	7 x 5 = ___
10 x 5 = ___	2 x 12 = ___	6 x 3 = ___	3 x 10 = ___	8 x 3 = ___	3 x 12 = ___
11 x 11 = ___	4 x 3 = ___	8 x 10 = ___	5 x 2 = ___	10 x 10 = ___	12 x 1 = ___
11 x 2 = ___	3 x 9 = ___	10 x 6 = ___	11 x 11 = ___	11 x 8 = ___	10 x 11 = ___
3 x 7 = ___	5 x 3 = ___	3 x 6 = ___	10 x 5 = ___	3 x 7 = ___	5 x 5 = ___

CHAPTER 7

Mixed Review: The Easier Ones

LESSON 5

Feel free to look up any answers in the Reference Table. That means "No Excuses" for wrong answers - 100% accuracy is expected. Your score is the "Time Taken" to complete all questions on these two pages. Challenge yourself. Do the questions quickly. Time yourself the first time, and then "Beat Your Best Time!" every time.

3 x 9 = ____ | 9 x 1 = ____ | 11 x 11 = ____ | 10 x 2 = ____ | 5 x 9 = ____ | 9 x 2 = ____

5 x 5 = ____ | 2 x 7 = ____ | 10 x 10 = ____ | 9 x 10 = ____ | 11 x 11 = ____ | 2 x 7 = ____

1 x 2 = ____ | 11 x 3 = ____ | 3 x 5 = ____ | 11 x 5 = ____

10 x 2 = ____ | 11 x 12 = ____ | 9 x 3 = ____ | 2 x 12 = ____

Reference Table

x	1	2	3	4	5	6	7	8	9	10	11	12
1	1	2	3	4	5	6	7	8	9	10	11	12
2	2	4	6	8	10	12	14	16	18	20	22	24
3	3	6	9	12	15	18	21	24	27	30	33	36
4	4	8	12	16	20	24	28	32	36	40	44	48
5	5	10	15	20	25	30	35	40	45	50	55	60
6	6	12	18	24	30	36	42	48	54	60	66	72
7	7	14	21	28	35	42	49	56	63	70	77	84
8	8	16	24	32	40	48	56	64	72	80	88	96
9	9	18	27	36	45	54	63	72	81	90	99	108
10	10	20	30	40	50	60	70	80	90	100	110	120
11	11	22	33	44	55	66	77	88	99	110	121	132
12	12	24	36	48	60	72	84	96	108	120	132	144

11 x 11 = ____ | 4 x 3 = ____ | 3 x 3 = ____ | 8 x 3 = ____ | 10 x 11 = ____ | 11 x 1 = ____

10 x 8 = ____ | 3 x 9 = ____ | 11 x 6 = ____ | 11 x 11 = ____ | 3 x 2 = ____ | 5 x 8 = ____

2 x 3 = ____ | 5 x 2 = ____ | 2 x 9 = ____ | 12 x 11 = ____ | 3 x 12 = ____ | 8 x 3 = ____

CHAPTER 7

Mixed Review: The Easier Ones

LESSON 5

Time Taken: _______Minutes, and _______Seconds

3 x 12	11 x 1	11 x 12	11 x 5	5 x 8	4 x 2
10 x 6	5 x 9	5 x 5	7 x 11	12 x 11	5 x 9
0 x 6	10 x 8	3 x 11	5 x 5	6 x 11	5 x 4
10 x 4	2 x 10	2 x 2	3 x 5	7 x 3	5 x 5
11 x 12	4 x 2	3 x 5	11 x 6	2 x 5	5 x 1
11 x 2	3 x 8	11 x 10	11 x 11	12 x 5	5 x 12
3 x 3	12 x 10	2 x 5	7 x 3	3 x 8	3 x 3

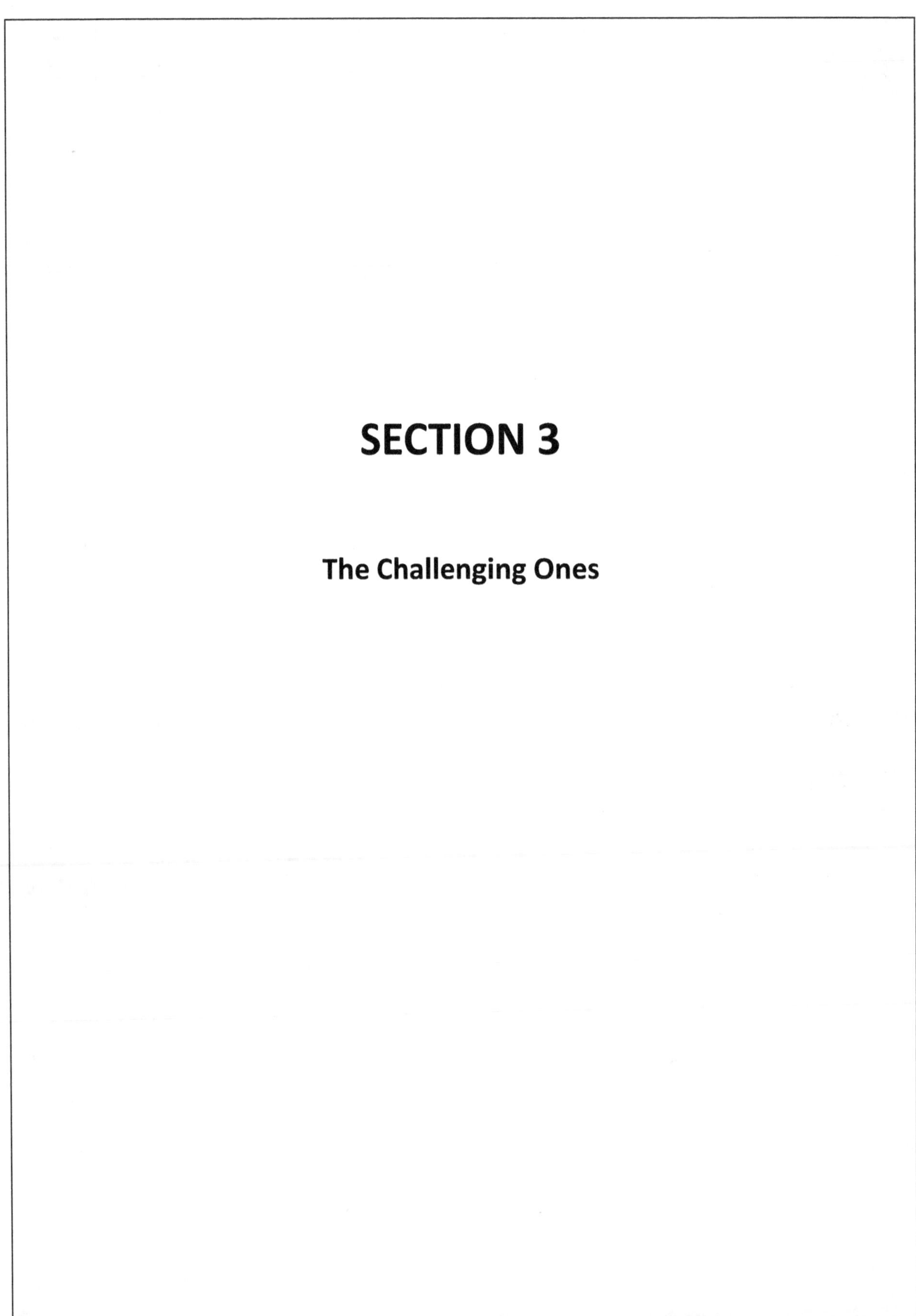

SECTION 3

The Challenging Ones

THE CHALLENGING TIMES TABLES

This section is composed of some of the toughest single-digit multiplication questions. The easiest ones practiced in the previous sections are included sparingly. The questions and their frequency are specifically designed so that focused and sustained attention, along with repeated practice, could result in much greater proficiency with the most troublesome combinations.

Do not rush through this section, as these questions were answered incorrectly the most by students. Accuracy is more important than speed. Let the student slow down to look up the answers in the reference table. Speed will gradually and naturally build up with repeated practice.

Praise them often and without any reservation to boost their confidence. "A magnetized piece of iron will lift about twelve times its own weight. But if you demagnetize this same piece of iron, it will not lift even a feather. In the same way, there are two types of people. Those who are magnetized are full of confidence and faith. They know they are born to succeed and to win."[1]

Here's the graph again for your reference. Examine the percentage of questions answered incorrectly.

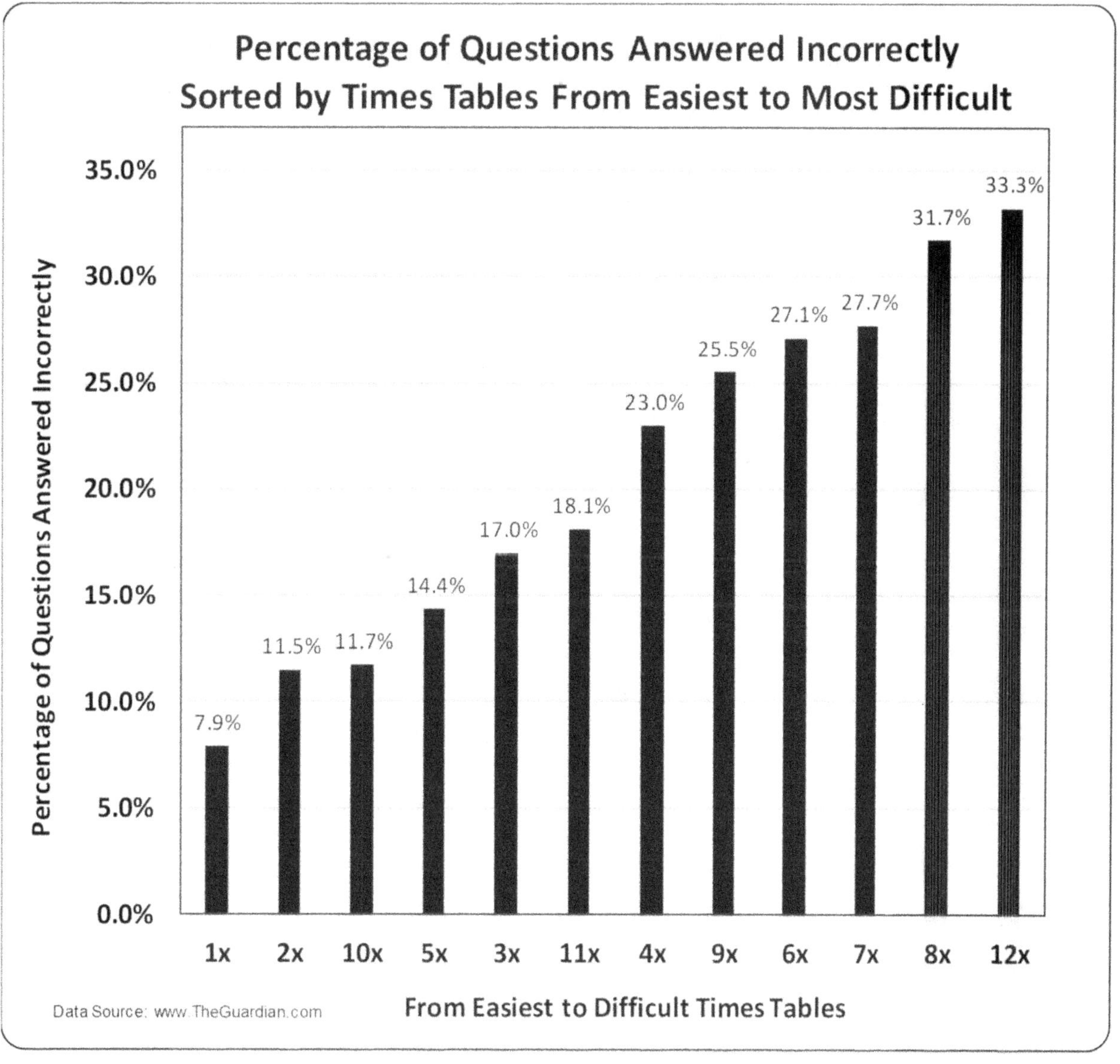

[1] Dr. Joseph Murphy, ***The Power of Your Subconscious Mind,*** Prentice Hall Press, 2008, p. 1.

CHAPTER **8**

Times 4

LESSON **1**

Feel free to look up any answers in the Reference Table. That means "No Excuses" for wrong answers - 100% accuracy is expected. Your score is the "Time Taken" to complete all questions on these two pages. Challenge yourself. Do the questions quickly. Time yourself the first time, and then "Beat Your Best Time!" every time.

4 x 8	9 x 4	4 x 7	9 x 4	4 x 8	12 x 4
10 x 4	4 x 7	4 x 2	4 x 7	4 x 3	4 x 8
4 x 6	9 x 4			4 x 6	11 x 4
4 x 4	4 x 6			10 x 4	4 x 8

Reference Table

X	1	2	3	4	5	6	7	8	9	10	11	12
1	1	2	3	4	5	6	7	8	9	10	11	12
2	2	4	6	8	10	12	14	16	18	20	22	24
3	3	6	9	12	15	18	21	24	27	30	33	36
4	4	8	12	16	20	24	28	32	36	40	44	48
5	5	10	15	20	25	30	35	40	45	50	55	60
6	6	12	18	24	30	36	42	48	54	60	66	72
7	7	14	21	28	35	42	49	56	63	70	77	84
8	8	16	24	32	40	48	56	64	72	80	88	96
9	9	18	27	36	45	54	63	72	81	90	99	108
10	10	20	30	40	50	60	70	80	90	100	110	120
11	11	22	33	44	55	66	77	88	99	110	121	132
12	12	24	36	48	60	72	84	96	108	120	132	144

4 x 6	11 x 4	4 x 9	11 x 4	4 x 7	4 x 4
10 x 4	4 x 8	4 x 0	4 x 9	4 x 3	4 x 7
4 x 6	8 x 4	4 x 9	11 x 4	4 x 12	12 x 4

CHAPTER 8

Times 4

LESSON 1

Time Taken: _______Minutes, and _______Seconds

4 x 7	11 x 4	4 x 12	5 x 4	4 x 7	12 x 4
7 x 4	4 x 6	7 x 4	4 x 9	4 x 3	4 x 7
4 x 8	9 x 4	4 x 9	12 x 4	4 x 8	4 x 3
4 x 4	4 x 7	12 x 4	4 x 8	8 x 4	4 x 12
4 x 6	4 x 4	4 x 6	10 x 4	4 x 6	11 x 4
4 x 3	4 x 9	4 x 3	4 x 9	5 x 4	4 x 9
4 x 7	4 x 3	4 x 12	4 x 4	4 x 7	7 x 4

ISBN: 978-0-9689408-4-6

CHAPTER 8

Times 4

LESSON 2

Feel free to look up any answers in the Reference Table. That means "No Excuses" for wrong answers - 100% accuracy is expected. Your score is the "Time Taken" to complete all questions on these two pages. Challenge yourself. Do the questions quickly. Time yourself the first time, and then "Beat Your Best Time!" every time.

4 x 6 ____	9 x 4 ____	4 x 6 ____	5 x 4 ____	4 x 12 ____	10 x 4 ____
5 x 4 ____	4 x 9 ____	12 x 4 ____	4 x 8 ____	9 x 4 ____	4 x 8 ____
4 x 6 ____	10 x 4 ____			4 x 9 ____	8 x 4 ____
10 x 4 ____	4 x 12 ____			6 x 4 ____	4 x 6 ____

Reference Table

x	1	2	3	4	5	6	7	8	9	10	11	12
1	1	2	3	4	5	6	7	8	9	10	11	12
2	2	4	6	8	10	12	14	16	18	20	22	24
3	3	6	9	12	15	18	21	24	27	30	33	36
4	4	8	12	16	20	24	28	32	36	40	44	48
5	5	10	15	20	25	30	35	40	45	50	55	60
6	6	12	18	24	30	36	42	48	54	60	66	72
7	7	14	21	28	35	42	49	56	63	70	77	84
8	8	16	24	32	40	48	56	64	72	80	88	96
9	9	18	27	36	45	54	63	72	81	90	99	108
10	10	20	30	40	50	60	70	80	90	100	110	120
11	11	22	33	44	55	66	77	88	99	110	121	132
12	12	24	36	48	60	72	84	96	108	120	132	144

4 x 9 ____	9 x 4 ____	4 x 7 ____	4 x 4 ____	4 x 12 ____	6 x 4 ____
9 x 4 ____	4 x 9 ____	4 x 1 ____	4 x 9 ____	12 x 4 ____	4 x 6 ____
4 x 12 ____	9 x 4 ____	4 x 7 ____	4 x 2 ____	4 x 7 ____	5 x 4 ____

CHAPTER 8

Times 4

LESSON 2

Time Taken: _______Minutes, and _______Seconds

4 x 9	6 x 4	4 x 12	4 x 2	4 x 9	8 x 4
6 x 4	4 x 6	10 x 4	4 x 12	10 x 4	4 x 6
4 x 7	12 x 4	4 x 7	4 x 4	4 x 12	12 x 4
10 x 4	4 x 9	5 x 4	4 x 8	8 x 4	4 x 12
4 x 7	6 x 4	4 x 7	4 x 4	4 x 9	11 x 4
12 x 4	4 x 7	4 x 0	4 x 12	10 x 4	4 x 9
4 x 12	4 x 4	4 x 6	4 x 2	4 x 6	8 x 4

CHAPTER **8**

Times 4

LESSON **3**

Feel free to look up any answers in the Reference Table. That means "No Excuses" for wrong answers - 100% accuracy is expected. Your score is the "Time Taken" to complete all questions on these two pages. Challenge yourself. Do the questions quickly. Time yourself the first time, and then "Beat Your Best Time!" every time.

4	4	4	7	4	9
x 6	x 3	x 7	x 4	x 9	x 4
____	____	____	____	____	____

7	4	7	4	6	4
x 4	x 9	x 4	x 8	x 4	x 8
____	____	____	____	____	____

4	8	4	6
x 9	x 4	x 6	x 4
____	____	____	____

Reference Table

x	1	2	3	4	5	6	7	8	9	10	11	12
1	1	2	3	4	5	6	7	8	9	10	11	12
2	2	4	6	8	10	12	14	16	18	20	22	24
3	3	6	9	12	15	18	21	24	27	30	33	36
4	4	8	12	16	20	24	28	32	36	40	44	48
5	5	10	15	20	25	30	35	40	45	50	55	60
6	6	12	18	24	30	36	42	48	54	60	66	72
7	7	14	21	28	35	42	49	56	63	70	77	84
8	8	16	24	32	40	48	56	64	72	80	88	96
9	9	18	27	36	45	54	63	72	81	90	99	108
10	10	20	30	40	50	60	70	80	90	100	110	120
11	11	22	33	44	55	66	77	88	99	110	121	132
12	12	24	36	48	60	72	84	96	108	120	132	144

6	4	10	4
x 4	x 6	x 4	x 9
____	____	____	____

4	9	4	9	4	10
x 8	x 4	x 7	x 4	x 6	x 4
____	____	____	____	____	____

6	4	12	4	4	4
x 4	x 7	x 4	x 7	x 3	x 8
____	____	____	____	____	____

4	7	4	4	4	12
x 8	x 4	x 8	x 2	x 8	x 4
____	____	____	____	____	____

CHAPTER 8

Times 4

LESSON 3

Time Taken: ________Minutes, and ________Seconds

4 x 8 ____	5 x 4 ____	4 x 9 ____	4 x 2 ____	4 x 7 ____	4 x 2 ____
12 x 4 ____	4 x 8 ____	4 x 3 ____	4 x 8 ____	4 x 4 ____	4 x 8 ____
4 x 6 ____	4 x 3 ____	4 x 8 ____	6 x 4 ____	4 x 12 ____	12 x 4 ____
12 x 4 ____	4 x 8 ____	5 x 4 ____	4 x 12 ____	6 x 4 ____	4 x 12 ____
4 x 12 ____	4 x 3 ____	4 x 9 ____	4 x 4 ____	4 x 8 ____	4 x 3 ____
5 x 4 ____	4 x 6 ____	7 x 4 ____	4 x 9 ____	5 x 4 ____	4 x 12 ____
4 x 12 ____	8 x 4 ____	4 x 12 ____	7 x 4 ____	4 x 7 ____	4 x 2 ____

CHAPTER **8**

Times 4

LESSON **4**

Feel free to look up any answers in the Reference Table. That means "No Excuses" for wrong answers - 100% accuracy is expected. Your score is the "Time Taken" to complete all questions on these two pages. Challenge yourself. Do the questions quickly. Time yourself the first time, and then "Beat Your Best Time!" every time.

4 x 12 = ____   4 x 2 = ____   4 x 9 = ____   9 x 4 = ____   4 x 9 = ____   4 x 2 = ____

4 x 2 = ____   4 x 6 = ____   12 x 4 = ____   4 x 8 = ____   7 x 4 = ____   4 x 6 = ____

4 x 9 = ____   10 x 4 = ____

8 x 4 = ____   4 x 6 = ____

Reference Table

x	1	2	3	4	5	6	7	8	9	10	11	12
1	1	2	3	4	5	6	7	8	9	10	11	12
2	2	4	6	8	10	12	14	16	18	20	22	24
3	3	6	9	12	15	18	21	24	27	30	33	36
4	4	8	12	16	20	24	28	32	36	40	44	48
5	5	10	15	20	25	30	35	40	45	50	55	60
6	6	12	18	24	30	36	42	48	54	60	66	72
7	7	14	21	28	35	42	49	56	63	70	77	84
8	8	16	24	32	40	48	56	64	72	80	88	96
9	9	18	27	36	45	54	63	72	81	90	99	108
10	10	20	30	40	50	60	70	80	90	100	110	120
11	11	22	33	44	55	66	77	88	99	110	121	132
12	12	24	36	48	60	72	84	96	108	120	132	144

4 x 9 = ____   7 x 4 = ____

11 x 4 = ____   4 x 7 = ____

4 x 12 = ____   7 x 4 = ____   4 x 9 = ____   8 x 4 = ____   4 x 7 = ____   7 x 4 = ____

10 x 4 = ____   4 x 8 = ____   5 x 4 = ____   4 x 8 = ____   6 x 4 = ____   4 x 8 = ____

4 x 12 = ____   12 x 4 = ____   4 x 6 = ____   12 x 4 = ____   4 x 7 = ____   4 x 3 = ____

CHAPTER 8

LESSON 4

Times 4

Time Taken: _______Minutes, and _______Seconds

4 x 8 = ___	4 x 2 = ___	4 x 7 = ___	4 x 4 = ___	4 x 12 = ___	6 x 4 = ___
9 x 4 = ___	4 x 12 = ___	8 x 4 = ___	4 x 8 = ___	8 x 4 = ___	4 x 12 = ___
4 x 6 = ___	12 x 4 = ___	4 x 6 = ___	6 x 4 = ___	4 x 8 = ___	9 x 4 = ___
6 x 4 = ___	4 x 6 = ___	4 x 3 = ___	4 x 8 = ___	10 x 4 = ___	4 x 12 = ___
4 x 12 = ___	9 x 4 = ___	4 x 9 = ___	4 x 2 = ___	4 x 8 = ___	11 x 4 = ___
10 x 4 = ___	4 x 7 = ___	9 x 4 = ___	4 x 12 = ___	12 x 4 = ___	4 x 7 = ___
4 x 8 = ___	10 x 4 = ___	4 x 9 = ___	11 x 4 = ___	4 x 12 = ___	4 x 4 = ___

CHAPTER **8**

Times 4

LESSON **5**

Feel free to look up any answers in the Reference Table. That means "No Excuses" for wrong answers - 100% accuracy is expected. Your score is the "Time Taken" to complete all questions on these two pages. Challenge yourself. Do the questions quickly. Time yourself the first time, and then "Beat Your Best Time!" every time.

4 x 6 = ____ 4 x 2 = ____ 4 x 7 = ____ 4 x 1 = ____ 4 x 12 = ____ 11 x 4 = ____

4 x 2 = ____ 4 x 9 = ____ 8 x 4 = ____ 4 x 6 = ____ 5 x 4 = ____ 4 x 12 = ____

4 x 9 = ____ 5 x 4 = ____ 4 x 9 = ____ 11 x 4 = ____

5 x 4 = ____ 4 x 7 = ____ 12 x 4 = ____ 4 x 7 = ____

Reference Table

x	1	2	3	4	5	6	7	8	9	10	11	12
1	1	2	3	4	5	6	7	8	9	10	11	12
2	2	4	6	8	10	12	14	16	18	20	22	24
3	3	6	9	12	15	18	21	24	27	30	33	36
4	4	8	12	16	20	24	28	32	36	40	44	48
5	5	10	15	20	25	30	35	40	45	50	55	60
6	6	12	18	24	30	36	42	48	54	60	66	72
7	7	14	21	28	35	42	49	56	63	70	77	84
8	8	16	24	32	40	48	56	64	72	80	88	96
9	9	18	27	36	45	54	63	72	81	90	99	108
10	10	20	30	40	50	60	70	80	90	100	110	120
11	11	22	33	44	55	66	77	88	99	110	121	132
12	12	24	36	48	60	72	84	96	108	120	132	144

4 x 12 = ____ 12 x 4 = ____ 4 x 8 = ____ 10 x 4 = ____ 4 x 7 = ____ 4 x 4 = ____

9 x 4 = ____ 4 x 8 = ____ 5 x 4 = ____ 4 x 12 = ____ 4 x 3 = ____ 4 x 9 = ____

4 x 9 = ____ 8 x 4 = ____ 4 x 6 = ____ 4 x 4 = ____ 4 x 6 = ____ 4 x 4 = ____

CHAPTER 8

Times 4

LESSON 5

Time Taken: _______Minutes, and _______Seconds

4 x 8 = ___	7 x 4 = ___	4 x 7 = ___	12 x 4 = ___	4 x 9 = ___	4 x 3 = ___
9 x 4 = ___	4 x 8 = ___	5 x 4 = ___	4 x 6 = ___	4 x 3 = ___	4 x 12 = ___
4 x 7 = ___	6 x 4 = ___	4 x 6 = ___	4 x 4 = ___	4 x 8 = ___	6 x 4 = ___
10 x 4 = ___	4 x 8 = ___	5 x 4 = ___	4 x 9 = ___	4 x 2 = ___	4 x 9 = ___
4 x 12 = ___	12 x 4 = ___	4 x 12 = ___	7 x 4 = ___	4 x 6 = ___	4 x 2 = ___
7 x 4 = ___	4 x 8 = ___	10 x 4 = ___	4 x 6 = ___	7 x 4 = ___	4 x 7 = ___
4 x 7 = ___	6 x 4 = ___	4 x 8 = ___	4 x 2 = ___	4 x 6 = ___	7 x 4 = ___

*The only way to **learn** mathematics is to **do** mathematics.*

Paul Halmos

9 Times 9 With Two Tricks A

Trick Number One

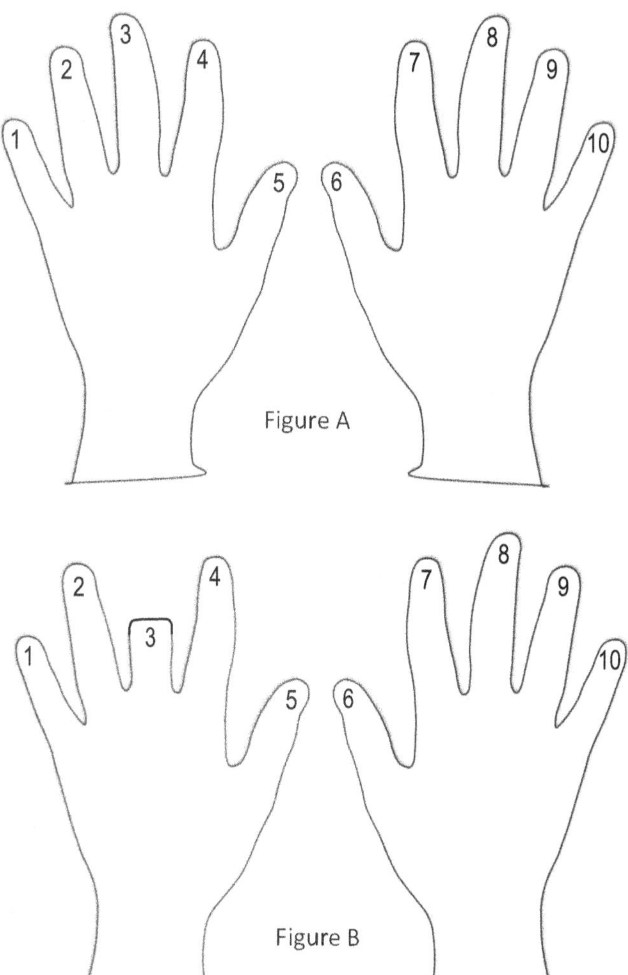

Step 1: Put both hands flat facing down, as shown in **Figure A** on the right.

Step 2: Imagine your fingers are numbered from 1 to 10 starting from the pinky of left hand, as shown.

Step 3: To multiply **9x3**, for example, fold your 3rd finger inwards, as shown in **Figure B**. You're left with **2** fingers on the **left** of the folded finger, and **7** on its right. We simply put 2 and 7 together, so **9x3=27**.

Step 4: Similarly, to multiply 9x4, fold the 4th finger inwards, and you end up with **3** fingers on **its** left and **6** on its right. So 9x4=**36**. Try 9x8.

This is an awesome trick. Once you become good at it, share it with others to impress them.

Trick Number Two

Step 1: Let's say you wish to multiply 9x**6**. Subtract 1 from **6** (6-1=**5**). So 5 is the first digit of the answer.

Step 2: The digit **5** above plus *a number* equals 9 (5+**4**=9). So **4** is the second digit of the answer.

Step 3: Put the two digits (**5** and **4**) together, and we get 9x6=**54**.

Step 4: The sum of the digits in the answer is always 9. This trick works upto 9x10=90. It is much faster than the fingers trick above, especially when you're trying to speed up.

CHAPTER 9

LESSON 1

Times 9

Feel free to look up any answers in the Reference Table. That means "No Excuses" for wrong answers - 100% accuracy is expected. Your score is the "Time Taken" to complete all questions on these two pages. Challenge yourself. Do the questions quickly. Time yourself the first time, and then "Beat Your Best Time!" every time.

8 x 9 = ____ 9 x 9 = ____ 4 x 9 = ____ 9 x 6 = ____ 8 x 9 = ____ 9 x 9 = ____

9 x 7 = ____ 4 x 9 = ____ 9 x 4 = ____ 8 x 9 = ____ 9 x 8 = ____ 8 x 9 = ____

8 x 9 = ____ 9 x 7 = ____ 3 x 9 = ____ 9 x 3 = ____

9 x 5 = ____ 4 x 9 = ____ 9 x 8 = ____ 6 x 9 = ____

Reference Table

x	1	2	3	4	5	6	7	8	9	10	11	12
1	1	2	3	4	5	6	7	8	9	10	11	12
2	2	4	6	8	10	12	14	16	18	20	22	24
3	3	6	9	12	15	18	21	24	27	30	33	36
4	4	8	12	16	20	24	28	32	36	40	44	48
5	5	10	15	20	25	30	35	40	45	50	55	60
6	6	12	18	24	30	36	42	48	54	60	66	72
7	7	14	21	28	35	42	49	56	63	70	77	84
8	8	16	24	32	40	48	56	64	72	80	88	96
9	9	18	27	36	45	54	63	72	81	90	99	108
10	10	20	30	40	50	60	70	80	90	100	110	120
11	11	22	33	44	55	66	77	88	99	110	121	132
12	12	24	36	48	60	72	84	96	108	120	132	144

9 x 12 = ____ 12 x 9 = ____ 7 x 9 = ____ 11 x 9 = ____ 8 x 9 = ____ 9 x 8 = ____

9 x 9 = ____ 9 x 12 = ____ 9 x 2 = ____ 4 x 9 = ____ 9 x 4 = ____ 4 x 9 = ____

6 x 9 = ____ 9 x 2 = ____ 3 x 9 = ____ 9 x 8 = ____ 8 x 9 = ____ 9 x 2 = ____

CHAPTER 9

Times 9

LESSON 1

Time Taken: _______Minutes, and _______Seconds

8 x 9	9 x 3	6 x 9	9 x 6	6 x 9	12 x 9
9 x 9	7 x 9	9 x 6	8 x 9	10 x 9	6 x 9
3 x 9	9 x 3	8 x 9	9 x 8	7 x 9	9 x 8
9 x 5	8 x 9	9 x 9	9 x 12	12 x 9	6 x 9
8 x 9	10 x 9	7 x 9	10 x 9	4 x 9	9 x 4
9 x 3	3 x 9	11 x 9	8 x 9	9 x 2	6 x 9
9 x 12	10 x 9	6 x 9	11 x 9	3 x 9	9 x 2

CHAPTER 9 — LESSON 2

Times 9

Feel free to look up any answers in the Reference Table. That means "No Excuses" for wrong answers - 100% accuracy is expected. Your score is the "Time Taken" to complete all questions on these two pages. Challenge yourself. Do the questions quickly. Time yourself the first time, and then "Beat Your Best Time!" every time.

3 x 9 = ____ | 9 x 8 = ____ | 7 x 9 = ____ | 9 x 0 = ____ | 3 x 9 = ____ | 9 x 3 = ____

9 x 7 = ____ | 7 x 9 = ____ | 9 x 9 = ____ | 9 x 12 = ____ | 11 x 9 = ____ | 9 x 12 = ____

4 x 9 = ____ | 9 x 4 = ____ | 6 x 9 = ____ | 11 x 9 = ____

Reference Table

x	1	2	3	4	5	6	7	8	9	10	11	12
1	1	2	3	4	5	6	7	8	9	10	11	12
2	2	4	6	8	10	12	14	16	18	20	22	24
3	3	6	9	12	15	18	21	24	27	30	33	36
4	4	8	12	16	20	24	28	32	36	40	44	48
5	5	10	15	20	25	30	35	40	45	50	55	60
6	6	12	18	24	30	36	42	48	54	60	66	72
7	7	14	21	28	35	42	49	56	63	70	77	84
8	8	16	24	32	40	48	56	64	72	80	88	96
9	9	18	27	36	45	54	63	72	81	90	99	108
10	10	20	30	40	50	60	70	80	90	100	110	120
11	11	22	33	44	55	66	77	88	99	110	121	132
12	12	24	36	48	60	72	84	96	108	120	132	144

9 x 8 = ____ | 3 x 9 = ____ | 9 x 9 = ____ | 9 x 12 = ____

3 x 9 = ____ | 9 x 8 = ____ | 4 x 9 = ____ | 9 x 5 = ____ | 9 x 12 = ____ | 9 x 9 = ____

9 x 9 = ____ | 8 x 9 = ____ | 9 x 2 = ____ | 8 x 9 = ____ | 9 x 3 = ____ | 6 x 9 = ____

9 x 12 = ____ | 9 x 7 = ____ | 8 x 9 = ____ | 9 x 8 = ____ | 3 x 9 = ____ | 9 x 3 = ____

Times 9

Time Taken: _______Minutes, and _______Seconds

6 x 9 = ___	9 x 6 = ___	9 x 12 = ___	9 x 3 = ___	6 x 9 = ___	9 x 6 = ___
10 x 9 = ___	4 x 9 = ___	9 x 6 = ___	9 x 12 = ___	9 x 3 = ___	8 x 9 = ___
7 x 9 = ___	9 x 8 = ___	7 x 9 = ___	9 x 4 = ___	6 x 9 = ___	9 x 7 = ___
10 x 9 = ___	6 x 9 = ___	9 x 5 = ___	3 x 9 = ___	9 x 8 = ___	4 x 9 = ___
4 x 9 = ___	9 x 8 = ___	8 x 9 = ___	9 x 9 = ___	6 x 9 = ___	9 x 2 = ___
9 x 3 = ___	7 x 9 = ___	10 x 9 = ___	9 x 12 = ___	9 x 4 = ___	4 x 9 = ___
3 x 9 = ___	9 x 5 = ___	8 x 9 = ___	9 x 3 = ___	4 x 9 = ___	9 x 7 = ___

CHAPTER **9**

Times 9

LESSON **3**

Feel free to look up any answers in the Reference Table. That means "No Excuses" for wrong answers - 100% accuracy is expected. Your score is the "Time Taken" to complete all questions on these two pages. Challenge yourself. Do the questions quickly. Time yourself the first time, and then "Beat Your Best Time!" every time.

8 x 9 ____	9 x 3 ____	6 x 9 ____	11 x 9 ____	3 x 9 ____	10 x 9 ____
9 x 8 ____	3 x 9 ____	9 x 6 ____	8 x 9 ____	9 x 3 ____	4 x 9 ____

4 x 9 ____	12 x 9 ____	3 x 9 ____	9 x 5 ____
9 x 7 ____	7 x 9 ____	12 x 9 ____	4 x 9 ____

Reference Table

x	1	2	3	4	5	6	7	8	9	10	11	12
1	1	2	3	4	5	6	7	8	9	10	11	12
2	2	4	6	8	10	12	14	16	18	20	22	24
3	3	6	9	12	15	18	21	24	27	30	33	36
4	4	8	12	16	20	24	28	32	36	40	44	48
5	5	10	15	20	25	30	35	40	45	50	55	60
6	6	12	18	24	30	36	42	48	54	60	66	72
7	7	14	21	28	35	42	49	56	63	70	77	84
8	8	16	24	32	40	48	56	64	72	80	88	96
9	9	18	27	36	45	54	63	72	81	90	99	108
10	10	20	30	40	50	60	70	80	90	100	110	120
11	11	22	33	44	55	66	77	88	99	110	121	132
12	12	24	36	48	60	72	84	96	108	120	132	144

4 x 9 ____	9 x 5 ____	9 x 12 ____	9 x 9 ____	9 x 12 ____	9 x 5 ____
12 x 9 ____	7 x 9 ____	9 x 5 ____	4 x 9 ____	11 x 9 ____	9 x 12 ____
6 x 9 ____	9 x 5 ____	3 x 9 ____	9 x 4 ____	6 x 9 ____	9 x 9 ____

CHAPTER 9

Times 9

LESSON 3

Time Taken: _______Minutes, and _______Seconds

8 x 9	9 x 9	3 x 9	9 x 4	9 x 12	11 x 9
9 x 3	3 x 9	9 x 4	4 x 9	9 x 6	9 x 12
9 x 12	9 x 3	8 x 9	9 x 3	8 x 9	9 x 6
9 x 6	4 x 9	11 x 9	7 x 9	9 x 7	9 x 12
9 x 12	9 x 9	7 x 9	9 x 9	8 x 9	12 x 9
12 x 9	6 x 9	9 x 5	7 x 9	12 x 9	6 x 9
4 x 9	9 x 8	9 x 12	9 x 7	3 x 9	9 x 9

CHAPTER 9

Times 9

LESSON 4

Feel free to look up any answers in the Reference Table. That means "No Excuses" for wrong answers - 100% accuracy is expected. Your score is the "Time Taken" to complete all questions on these two pages. Challenge yourself. Do the questions quickly. Time yourself the first time, and then "Beat Your Best Time!" every time.

9 x 12 = ____	9 x 8 = ____	9 x 12 = ____	10 x 9 = ____	7 x 9 = ____	9 x 2 = ____
9 x 2 = ____	3 x 9 = ____	12 x 9 = ____	6 x 9 = ____	10 x 9 = ____	3 x 9 = ____
6 x 9 = ____	9 x 8 = ____			9 x 12 = ____	9 x 5 = ____
9 x 8 = ____	7 x 9 = ____			9 x 8 = ____	7 x 9 = ____

Reference Table

X	1	2	3	4	5	6	7	8	9	10	11	12
1	1	2	3	4	5	6	7	8	9	10	11	12
2	2	4	6	8	10	12	14	16	18	20	22	24
3	3	6	9	12	15	18	21	24	27	30	33	36
4	4	8	12	16	20	24	28	32	36	40	44	48
5	5	10	15	20	25	30	35	40	45	50	55	60
6	6	12	18	24	30	36	42	48	54	60	66	72
7	7	14	21	28	35	42	49	56	63	70	77	84
8	8	16	24	32	40	48	56	64	72	80	88	96
9	9	18	27	36	45	54	63	72	81	90	99	108
10	10	20	30	40	50	60	70	80	90	100	110	120
11	11	22	33	44	55	66	77	88	99	110	121	132
12	12	24	36	48	60	72	84	96	108	120	132	144

3 x 9 = ____	9 x 9 = ____	6 x 9 = ____	9 x 4 = ____	8 x 9 = ____	9 x 9 = ____
9 x 4 = ____	3 x 9 = ____	9 x 5 = ____	7 x 9 = ____	9 x 2 = ____	9 x 12 = ____
4 x 9 = ____	9 x 9 = ____	9 x 12 = ____	9 x 7 = ____	3 x 9 = ____	9 x 3 = ____

CHAPTER 9

Times 9

LESSON 4

Time Taken: _______Minutes, and _______Seconds

8 x 9	12 x 9	7 x 9	9 x 3	6 x 9	9 x 5
9 x 3	8 x 9	9 x 9	6 x 9	9 x 5	3 x 9
3 x 9	9 x 6	8 x 9	10 x 9	4 x 9	9 x 8
9 x 8	6 x 9	9 x 7	3 x 9	9 x 6	6 x 9
8 x 9	9 x 9	4 x 9	10 x 9	7 x 9	11 x 9
9 x 7	7 x 9	12 x 9	3 x 9	9 x 5	8 x 9
4 x 9	9 x 4	9 x 12	9 x 4	4 x 9	10 x 9

ISBN: 978-0-9689408-4-6

CHAPTER **9**

Times 9

LESSON **5**

Feel free to look up any answers in the Reference Table. That means "No Excuses" for wrong answers - 100% accuracy is expected. Your score is the "Time Taken" to complete all questions on these two pages. Challenge yourself. Do the questions quickly. Time yourself the first time, and then "Beat Your Best Time!" every time.

8 x 9 = ____	9 x 2 = ____	3 x 9 = ____	9 x 5 = ____	8 x 9 = ____	9 x 7 = ____
9 x 5 = ____	7 x 9 = ____	9 x 2 = ____	4 x 9 = ____	9 x 6 = ____	8 x 9 = ____
6 x 9 = ____	9 x 5 = ____			9 x 12 = ____	9 x 4 = ____
9 x 2 = ____	3 x 9 = ____			9 x 7 = ____	8 x 9 = ____
7 x 9 = ____	9 x 8 = ____	6 x 9 = ____	9 x 9 = ____	8 x 9 = ____	9 x 5 = ____
9 x 7 = ____	3 x 9 = ____	9 x 6 = ____	7 x 9 = ____	9 x 8 = ____	7 x 9 = ____
3 x 9 = ____	9 x 5 = ____	4 x 9 = ____	12 x 9 = ____	8 x 9 = ____	10 x 9 = ____

Reference Table

x	1	2	3	4	5	6	7	8	9	10	11	12
1	1	2	3	4	5	6	7	8	9	10	11	12
2	2	4	6	8	10	12	14	16	18	20	22	24
3	3	6	9	12	15	18	21	24	27	30	33	36
4	4	8	12	16	20	24	28	32	36	40	44	48
5	5	10	15	20	25	30	35	40	45	50	55	60
6	6	12	18	24	30	36	42	48	54	60	66	72
7	7	14	21	28	35	42	49	56	63	70	77	84
8	8	16	24	32	40	48	56	64	72	80	88	96
9	9	18	27	36	45	54	63	72	81	90	99	108
10	10	20	30	40	50	60	70	80	90	100	110	120
11	11	22	33	44	55	66	77	88	99	110	121	132
12	12	24	36	48	60	72	84	96	108	120	132	144

CHAPTER 9

Times 9

LESSON 5

Time Taken: _______Minutes, and _______Seconds

7 x 9	9 x 9	4 x 9	9 x 5	3 x 9	9 x 8
9 x 9	3 x 9	9 x 7	4 x 9	9 x 6	4 x 9
4 x 9	9 x 4	4 x 9	9 x 6	6 x 9	9 x 2
10 x 9	4 x 9	9 x 9	3 x 9	9 x 5	6 x 9
4 x 9	9 x 2	6 x 9	9 x 7	7 x 9	9 x 3
12 x 9	7 x 9	9 x 6	6 x 9	10 x 9	8 x 9
9 x 12	9 x 9	7 x 9	9 x 7	8 x 9	9 x 3

It is not knowledge, but the act of learning, not possession but the act of getting there, which grants the greatest enjoyment.

Carl Friedrich Gauss

CHAPTER

10 Times 6: With a Trick For Tough Combinations

LESSON

A

THE 6 7 8 9 TIMES TRICK

This trick is a little complicated, but worth knowing for tests because it works for some of the most difficult single-digit multiplications, provided the **sum** of the two numbers is '14 or greater'.

STEP 1: Point your left-hand fingers towards your right-hand fingers with **palms facing you**, as shown in **Figure A** below. Number the fingers from bottom to top as 6,7,8, and 9. To make it much easier to learn, you may write these numbers **on** the student's fingers.

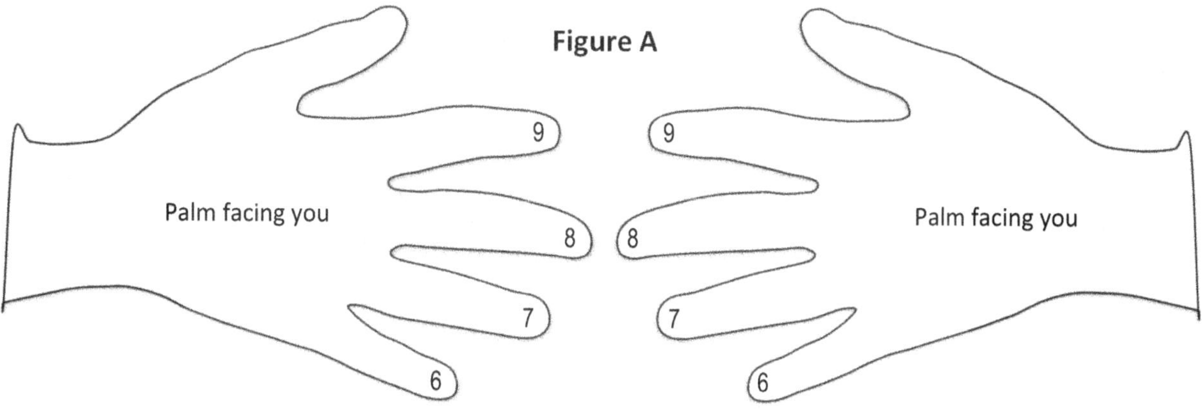

STEP 2: Now let us multiply 6x8. Since 6+8=14, which is '14 or more', let us go ahead with this trick.

STEP 3: As shown in **Figure B**, touch the finger 6 on the left hand with the finger 8 on the right hand.

STEP 4: How many **fingers** are touching each other (**2**) plus the ones below them (**2**)? 2+2=**4**.

STEP 5: What is the product (x) of all the fingers **above** the two that are touching each other? **4** on the left hand, and **2** on the right hand: 4x2=**8**. Put **4** and **8** together, and we get 6x8=**48**. Try 6x9.

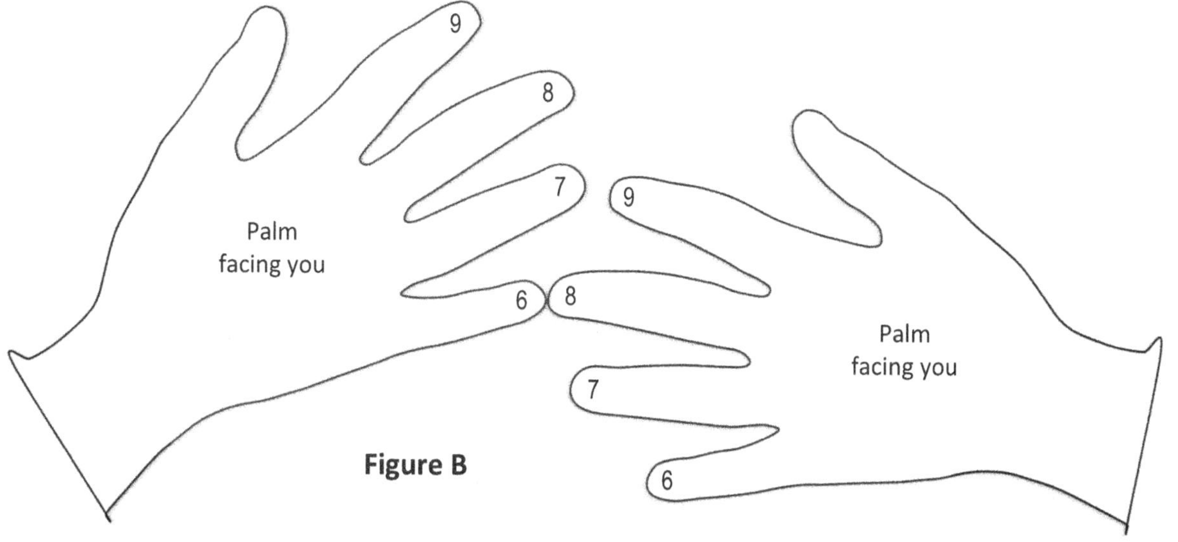

Figure B

ISBN: 978-0-9689408-4-6

CHAPTER 10

Times 6

LESSON 1

Feel free to look up any answers in the Reference Table. That means "No Excuses" for wrong answers - 100% accuracy is expected. Your score is the "Time Taken" to complete all questions on these two pages. Challenge yourself. Do the questions quickly. Time yourself the first time, and then "Beat Your Best Time!" every time.

6 x 8 = ____	6 x 3 = ____	3 x 6 = ____	6 x 4 = ____	6 x 6 = ____	8 x 6 = ____
6 x 3 = ____	6 x 12 = ____	7 x 6 = ____	6 x 9 = ____	8 x 6 = ____	6 x 7 = ____

Reference Table

x	1	2	3	4	5	6	7	8	9	10	11	12
1	1	2	3	4	5	6	7	8	9	10	11	12
2	2	4	6	8	10	12	14	16	18	20	22	24
3	3	6	9	12	15	18	21	24	27	30	33	36
4	4	8	12	16	20	24	28	32	36	40	44	48
5	5	10	15	20	25	30	35	40	45	50	55	60
6	6	12	18	24	30	36	42	48	54	60	66	72
7	7	14	21	28	35	42	49	56	63	70	77	84
8	8	16	24	32	40	48	56	64	72	80	88	96
9	9	18	27	36	45	54	63	72	81	90	99	108
10	10	20	30	40	50	60	70	80	90	100	110	120
11	11	22	33	44	55	66	77	88	99	110	121	132
12	12	24	36	48	60	72	84	96	108	120	132	144

6 x 6 = ____	6 x 5 = ____	6 x 7 = ____	8 x 6 = ____
6 x 5 = ____	6 x 8 = ____	8 x 6 = ____	3 x 6 = ____

6 x 8 = ____	6 x 3 = ____	6 x 8 = ____	12 x 6 = ____	3 x 6 = ____	10 x 6 = ____
6 x 6 = ____	6 x 6 = ____	7 x 6 = ____	6 x 6 = ____	9 x 6 = ____	4 x 6 = ____
4 x 6 = ____	6 x 5 = ____	6 x 6 = ____	11 x 6 = ____	3 x 6 = ____	6 x 3 = ____

ISBN: 978-0-9689408-4-6

CHAPTER 10

Times 6

LESSON 1

Time Taken: _______Minutes, and _______Seconds

6 x 6 ____	6 x 3 ____	6 x 7 ____	9 x 6 ____	6 x 12 ____	8 x 6 ____
6 x 5 ____	3 x 6 ____	9 x 6 ____	6 x 8 ____	8 x 6 ____	4 x 6 ____
6 x 7 ____	11 x 6 ____	6 x 12 ____	8 x 6 ____	6 x 7 ____	8 x 6 ____
7 x 6 ____	6 x 9 ____	8 x 6 ____	6 x 6 ____	8 x 6 ____	6 x 7 ____
6 x 8 ____	10 x 6 ____	3 x 6 ____	6 x 4 ____	4 x 6 ____	6 x 2 ____
7 x 6 ____	3 x 6 ____	11 x 6 ____	6 x 6 ____	6 x 3 ____	3 x 6 ____
6 x 6 ____	6 x 2 ____	6 x 7 ____	12 x 6 ____	6 x 8 ____	9 x 6 ____

CHAPTER **10**

Times 6

LESSON **2**

Feel free to look up any answers in the Reference Table. That means "No Excuses" for wrong answers - 100% accuracy is expected. Your score is the "Time Taken" to complete all questions on these two pages. Challenge yourself. Do the questions quickly. Time yourself the first time, and then "Beat Your Best Time!" every time.

3 x 6 = ____	7 x 6 = ____	6 x 12 = ____	6 x 5 = ____	6 x 9 = ____	8 x 6 = ____
6 x 1 = ____	6 x 12 = ____	9 x 6 = ____	6 x 6 = ____	8 x 6 = ____	6 x 7 = ____
6 x 9 = ____	6 x 6 = ____			6 x 8 = ____	8 x 6 = ____
6 x 4 = ____	6 x 8 = ____			8 x 6 = ____	6 x 7 = ____

Reference Table

x	1	2	3	4	5	6	7	8	9	10	11	12
1	1	2	3	4	5	6	7	8	9	10	11	12
2	2	4	6	8	10	12	14	16	18	20	22	24
3	3	6	9	12	15	18	21	24	27	30	33	36
4	4	8	12	16	20	24	28	32	36	40	44	48
5	5	10	15	20	25	30	35	40	45	50	55	60
6	6	12	18	24	30	36	42	48	54	60	66	72
7	7	14	21	28	35	42	49	56	63	70	77	84
8	8	16	24	32	40	48	56	64	72	80	88	96
9	9	18	27	36	45	54	63	72	81	90	99	108
10	10	20	30	40	50	60	70	80	90	100	110	120
11	11	22	33	44	55	66	77	88	99	110	121	132
12	12	24	36	48	60	72	84	96	108	120	132	144

4 x 6 = ____	6 x 6 = ____	6 x 9 = ____	9 x 6 = ____	6 x 6 = ____	8 x 6 = ____
11 x 6 = ____	6 x 6 = ____	6 x 5 = ____	6 x 7 = ____	8 x 6 = ____	6 x 7 = ____
6 x 9 = ____	6 x 4 = ____	3 x 6 = ____	6 x 5 = ____	6 x 6 = ____	6 x 3 = ____

ISBN: 978-0-9689408-4-6

CHAPTER **10**

Times 6

LESSON **2**

Time Taken: _______Minutes, and _______Seconds

3 x 6	9 x 6	6 x 9	6 x 6	6 x 6	8 x 6
9 x 6	3 x 6	6 x 2	6 x 7	8 x 6	3 x 6
6 x 8	10 x 6	3 x 6	6 x 2	4 x 6	8 x 6
6 x 3	6 x 8	12 x 6	3 x 6	8 x 6	6 x 7
4 x 6	10 x 6	6 x 12	6 x 6	6 x 7	10 x 6
6 x 5	6 x 7	8 x 6	6 x 12	6 x 5	6 x 9
6 x 8	9 x 6	6 x 9	6 x 5	4 x 6	6 x 2

CHAPTER 10

Times 6

LESSON 3

Feel free to look up any answers in the Reference Table. That means "No Excuses" for wrong answers - 100% accuracy is expected. Your score is the "Time Taken" to complete all questions on these two pages. Challenge yourself. Do the questions quickly. Time yourself the first time, and then "Beat Your Best Time!" every time.

6 x 9 = ____ 11 x 6 = ____ 3 x 6 = ____ 6 x 4 = ____ 6 x 8 = ____ 8 x 6 = ____

6 x 4 = ____ 4 x 6 = ____ 6 x 5 = ____ 6 x 8 = ____ 8 x 6 = ____ 4 x 6 = ____

4 x 6 = ____ 6 x 5 = ____ 6 x 8 = ____ 8 x 6 = ____

9 x 6 = ____ 6 x 7 = ____ 8 x 6 = ____ 6 x 12 = ____

Reference Table

x	1	2	3	4	5	6	7	8	9	10	11	12
1	1	2	3	4	5	6	7	8	9	10	11	12
2	2	4	6	8	10	12	14	16	18	20	22	24
3	3	6	9	12	15	18	21	24	27	30	33	36
4	4	8	12	16	20	24	28	32	36	40	44	48
5	5	10	15	20	25	30	35	40	45	50	55	60
6	6	12	18	24	30	36	42	48	54	60	66	72
7	7	14	21	28	35	42	49	56	63	70	77	84
8	8	16	24	32	40	48	56	64	72	80	88	96
9	9	18	27	36	45	54	63	72	81	90	99	108
10	10	20	30	40	50	60	70	80	90	100	110	120
11	11	22	33	44	55	66	77	88	99	110	121	132
12	12	24	36	48	60	72	84	96	108	120	132	144

4 x 6 = ____ 6 x 3 = ____ 4 x 6 = ____ 6 x 5 = ____ 6 x 8 = ____ 6 x 6 = ____

10 x 6 = ____ 6 x 8 = ____ 10 x 6 = ____ 4 x 6 = ____ 10 x 6 = ____ 6 x 6 = ____

6 x 7 = ____ 9 x 6 = ____ 6 x 12 = ____ 6 x 4 = ____ 4 x 6 = ____ 8 x 6 = ____

CHAPTER 10

LESSON 3

Times 6

Time Taken: _______Minutes, and _______Seconds

6 x 8	6 x 3	6 x 7	12 x 6	6 x 9	8 x 6
6 x 1	3 x 6	9 x 6	6 x 9	8 x 6	6 x 6
6 x 12	6 x 3	3 x 6	9 x 6	6 x 8	8 x 6
6 x 4	6 x 8	8 x 6	6 x 12	8 x 6	6 x 6
6 x 7	11 x 6	4 x 6	7 x 6	6 x 7	6 x 6
10 x 6	6 x 6	6 x 6	3 x 6	12 x 6	4 x 6
6 x 6	6 x 2	6 x 12	6 x 6	4 x 6	6 x 2

CHAPTER **10**

Times 6

LESSON **4**

Feel free to look up any answers in the Reference Table. That means "No Excuses" for wrong answers - 100% accuracy is expected. Your score is the "Time Taken" to complete all questions on these two pages. Challenge yourself. Do the questions quickly. Time yourself the first time, and then "Beat Your Best Time!" every time.

3 x 6 = ____   8 x 6 = ____   4 x 6 = ____   6 x 3 = ____   6 x 8 = ____   8 x 6 = ____

10 x 6 = ____   3 x 6 = ____   6 x 3 = ____   3 x 6 = ____   8 x 6 = ____   3 x 6 = ____

6 x 6 = ____   8 x 6 = ____   6 x 8 = ____   8 x 6 = ____

10 x 6 = ____   3 x 6 = ____   8 x 6 = ____   6 x 6 = ____

Reference Table

x	1	2	3	4	5	6	7	8	9	10	11	12
1	1	2	3	4	5	6	7	8	9	10	11	12
2	2	4	6	8	10	12	14	16	18	20	22	24
3	3	6	9	12	15	18	21	24	27	30	33	36
4	4	8	12	16	20	24	28	32	36	40	44	48
5	5	10	15	20	25	30	35	40	45	50	55	60
6	6	12	18	24	30	36	42	48	54	60	66	72
7	7	14	21	28	35	42	49	56	63	70	77	84
8	8	16	24	32	40	48	56	64	72	80	88	96
9	9	18	27	36	45	54	63	72	81	90	99	108
10	10	20	30	40	50	60	70	80	90	100	110	120
11	11	22	33	44	55	66	77	88	99	110	121	132
12	12	24	36	48	60	72	84	96	108	120	132	144

6 x 7 = ____   6 x 2 = ____   4 x 6 = ____   6 x 5 = ____   4 x 6 = ____   10 x 6 = ____

8 x 6 = ____   6 x 7 = ____   6 x 5 = ____   6 x 7 = ____   9 x 6 = ____   6 x 9 = ____

6 x 8 = ____   7 x 6 = ____   6 x 12 = ____   8 x 6 = ____   6 x 9 = ____   11 x 6 = ____

CHAPTER 10

Times 6

LESSON 4

Time Taken: _______Minutes, and _______Seconds

6 x 9	12 x 6	6 x 6	6 x 4	4 x 6	8 x 6
10 x 6	6 x 6	11 x 6	6 x 7	8 x 6	6 x 9
6 x 6	6 x 6	6 x 12	12 x 6	6 x 6	8 x 6
6 x 3	6 x 8	12 x 6	6 x 12	8 x 6	6 x 6
3 x 6	8 x 6	4 x 6	9 x 6	6 x 12	6 x 3
6 x 2	6 x 6	6 x 0	4 x 6	6 x 2	6 x 8
6 x 8	8 x 6	3 x 6	7 x 6	6 x 9	8 x 6

CHAPTER **10**

Times 6

LESSON **5**

Feel free to look up any answers in the Reference Table. That means "No Excuses" for wrong answers - 100% accuracy is expected. Your score is the "Time Taken" to complete all questions on these two pages. Challenge yourself. Do the questions quickly. Time yourself the first time, and then "Beat Your Best Time!" every time.

6 x 12 = ______ 11 x 6 = ______ 6 x 6 = ______ 9 x 6 = ______ 4 x 6 = ______ 8 x 6 = ______

12 x 6 = ______ 6 x 8 = ______ 6 x 2 = ______ 6 x 9 = ______ 8 x 6 = ______ 6 x 9 = ______

6 x 7 = ______ 6 x 2 = ______ 3 x 6 = ______ 8 x 6 = ______

11 x 6 = ______ 3 x 6 = ______ 8 x 6 = ______ 6 x 6 = ______

Reference Table

x	1	2	3	4	5	6	7	8	9	10	11	12
1	1	2	3	4	5	6	7	8	9	10	11	12
2	2	4	6	8	10	12	14	16	18	20	22	24
3	3	6	9	12	15	18	21	24	27	30	33	36
4	4	8	12	16	20	24	28	32	36	40	44	48
5	5	10	15	20	25	30	35	40	45	50	55	60
6	6	12	18	24	30	36	42	48	54	60	66	72
7	7	14	21	28	35	42	49	56	63	70	77	84
8	8	16	24	32	40	48	56	64	72	80	88	96
9	9	18	27	36	45	54	63	72	81	90	99	108
10	10	20	30	40	50	60	70	80	90	100	110	120
11	11	22	33	44	55	66	77	88	99	110	121	132
12	12	24	36	48	60	72	84	96	108	120	132	144

6 x 6 = ______ 6 x 3 = ______ 3 x 6 = ______ 11 x 6 = ______ 4 x 6 = ______ 12 x 6 = ______

6 x 4 = ______ 3 x 6 = ______ 6 x 5 = ______ 6 x 7 = ______ 8 x 6 = ______ 6 x 7 = ______

3 x 6 = ______ 6 x 3 = ______ 6 x 6 = ______ 6 x 4 = ______ 6 x 7 = ______ 10 x 6 = ______

CHAPTER 10

Times 6

LESSON 5

Time Taken: _______Minutes, and _______Seconds

6 x 6 = ____	11 x 6 = ____	3 x 6 = ____	7 x 6 = ____	6 x 7 = ____	8 x 6 = ____
10 x 6 = ____	6 x 8 = ____	7 x 6 = ____	6 x 12 = ____	8 x 6 = ____	4 x 6 = ____
6 x 8 = ____	8 x 6 = ____	6 x 7 = ____	8 x 6 = ____	3 x 6 = ____	8 x 6 = ____
8 x 6 = ____	6 x 8 = ____	9 x 6 = ____	3 x 6 = ____	8 x 6 = ____	6 x 8 = ____
6 x 6 = ____	10 x 6 = ____	4 x 6 = ____	11 x 6 = ____	6 x 8 = ____	8 x 6 = ____
6 x 2 = ____	6 x 9 = ____	9 x 6 = ____	6 x 7 = ____	6 x 5 = ____	3 x 6 = ____
3 x 6 = ____	10 x 6 = ____	6 x 12 = ____	8 x 6 = ____	6 x 12 = ____	6 x 5 = ____

Be silent, or say something better than silence.

Pythagoras

CHAPTER

11 Times 7: With a Trick For Tough Combinations

LESSON

A

THE 6 7 8 9 TIMES TRICK

This trick is a little complicated, but worth knowing for tests because it works for some of the most difficult single-digit multiplications, provided the **sum** of the two numbers is '14 or greater'.

STEP 1: Point your left-hand fingers towards your right-hand fingers with **palms facing you**, as shown in **Figure A** below. Number the fingers from bottom to top as 6,7,8, and 9. To make it much easier to learn, you may write these numbers **on** the student's fingers.

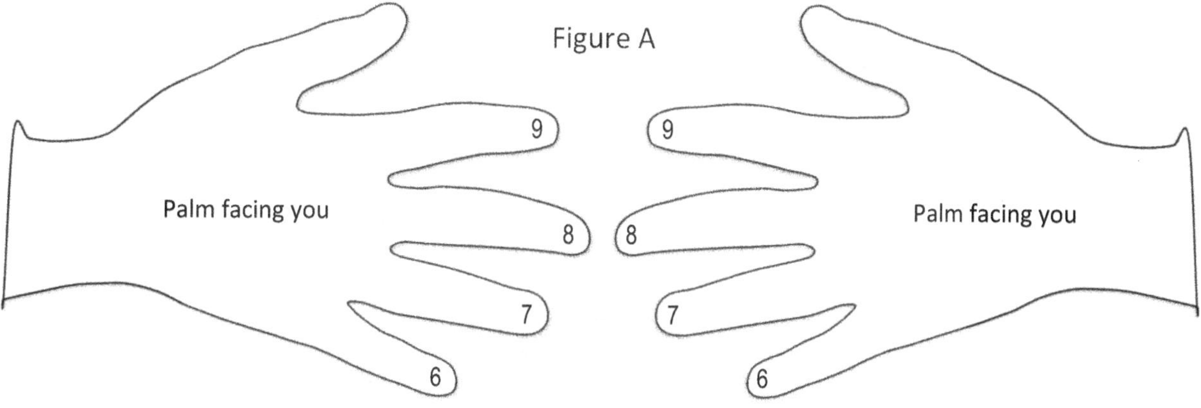

STEP 2: Now let us multiply 7x7. Since 7+7=14, which is '14 or more', let us go ahead with this trick.

STEP 3: As shown in **Figure B**, touch the finger 7 on the left hand with the finger 7 on the right hand.

STEP 4: How many **fingers** are touching each other (**2**) plus the ones below them (**2**)? 2+2=**4**.

STEP 5: What is the product (x) of all the fingers **above** the two that are touching each other? **3** on the left hand, and **3** on the right hand: 3x3=**9**. Put **4** and **9** together, and we get 7x7=**49**. Try 9x9.

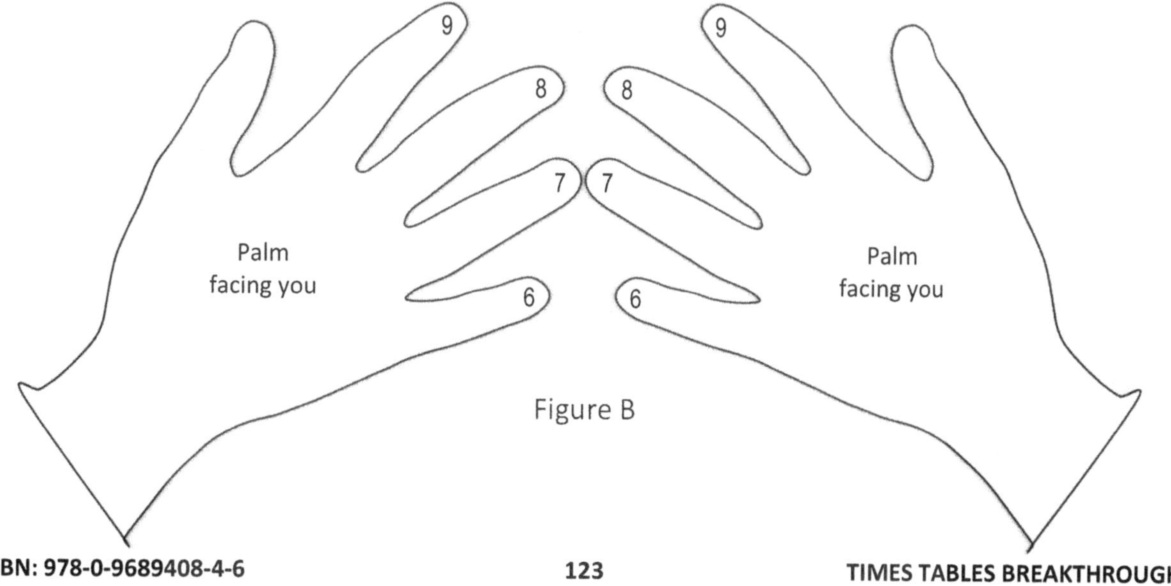

CHAPTER 11

Times 7

LESSON 1

Feel free to look up any answers in the Reference Table. That means "No Excuses" for wrong answers - 100% accuracy is expected. Your score is the "Time Taken" to complete all questions on these two pages. Challenge yourself. Do the questions quickly. Time yourself the first time, and then "Beat Your Best Time!" every time.

7 x 8 = ____	9 x 7 = ____	7 x 7 = ____	10 x 7 = ____	6 x 7 = ____	11 x 7 = ____
11 x 7 = ____	7 x 8 = ____	12 x 7 = ____	7 x 9 = ____	7 x 7 = ____	4 x 7 = ____
7 x 7 = ____	11 x 7 = ____			4 x 7 = ____	8 x 7 = ____
11 x 7 = ____	7 x 8 = ____			7 x 7 = ____	7 x 9 = ____

Reference Table

x	1	2	3	4	5	6	7	8	9	10	11	12
1	1	2	3	4	5	6	7	8	9	10	11	12
2	2	4	6	8	10	12	14	16	18	20	22	24
3	3	6	9	12	15	18	21	24	27	30	33	36
4	4	8	12	16	20	24	28	32	36	40	44	48
5	5	10	15	20	25	30	35	40	45	50	55	60
6	6	12	18	24	30	36	42	48	54	60	66	72
7	7	14	21	28	35	42	49	56	63	70	77	84
8	8	16	24	32	40	48	56	64	72	80	88	96
9	9	18	27	36	45	54	63	72	81	90	99	108
10	10	20	30	40	50	60	70	80	90	100	110	120
11	11	22	33	44	55	66	77	88	99	110	121	132
12	12	24	36	48	60	72	84	96	108	120	132	144

7 x 8 = ____	8 x 7 = ____	7 x 12 = ____	11 x 7 = ____	7 x 9 = ____	7 x 5 = ____
9 x 7 = ____	7 x 8 = ____	8 x 7 = ____	7 x 9 = ____	7 x 6 = ____	7 x 12 = ____
7 x 8 = ____	10 x 7 = ____	4 x 7 = ____	7 x 3 = ____	7 x 8 = ____	8 x 7 = ____

CHAPTER 11

Times 7

LESSON 1

Time Taken: _______Minutes, and _______Seconds

6 x 7	8 x 7	7 x 9	8 x 7	7 x 12	7 x 3
7 x 6	7 x 7	7 x 4	7 x 8	7 x 1	7 x 9
6 x 7	7 x 4	7 x 8	7 x 4	7 x 12	8 x 7
7 x 6	6 x 7	12 x 7	4 x 7	7 x 4	6 x 7
7 x 7	8 x 7	7 x 9	7 x 3	7 x 8	7 x 5
7 x 6	7 x 12	10 x 7	7 x 7	7 x 7	6 x 7
7 x 12	12 x 7	7 x 12	7 x 6	4 x 7	8 x 7

CHAPTER **11**

Times 7

LESSON **2**

Feel free to look up any answers in the Reference Table. That means "No Excuses" for wrong answers - 100% accuracy is expected. Your score is the "Time Taken" to complete all questions on these two pages. Challenge yourself. Do the questions quickly. Time yourself the first time, and then "Beat Your Best Time!" every time.

7 x 7 = ____	7 x 3 = ____	7 x 8 = ____	7 x 6 = ____	4 x 7 = ____	7 x 6 = ____
12 x 7 = ____	7 x 9 = ____	12 x 7 = ____	7 x 8 = ____	11 x 7 = ____	7 x 9 = ____
7 x 8 = ____	7 x 3 = ____			7 x 7 = ____	8 x 7 = ____
7 x 4 = ____	7 x 7 = ____			12 x 7 = ____	7 x 7 = ____
7 x 7 = ____	8 x 7 = ____	4 x 7 = ____	7 x 5 = ____	4 x 7 = ____	9 x 7 = ____
10 x 7 = ____	6 x 7 = ____	7 x 6 = ____	7 x 9 = ____	7 x 6 = ____	7 x 8 = ____
6 x 7 = ____	11 x 7 = ____	7 x 7 = ____	12 x 7 = ____	6 x 7 = ____	8 x 7 = ____

Reference Table

x	1	2	3	4	5	6	7	8	9	10	11	12
1	1	2	3	4	5	6	7	8	9	10	11	12
2	2	4	6	8	10	12	14	16	18	20	22	24
3	3	6	9	12	15	18	21	24	27	30	33	36
4	4	8	12	16	20	24	28	32	36	40	44	48
5	5	10	15	20	25	30	35	40	45	50	55	60
6	6	12	18	24	30	36	42	48	54	60	66	72
7	7	14	21	28	35	42	49	56	63	70	77	84
8	8	16	24	32	40	48	56	64	72	80	88	96
9	9	18	27	36	45	54	63	72	81	90	99	108
10	10	20	30	40	50	60	70	80	90	100	110	120
11	11	22	33	44	55	66	77	88	99	110	121	132
12	12	24	36	48	60	72	84	96	108	120	132	144

CHAPTER 11

Times 7

LESSON 2

Time Taken: _______Minutes, and _______Seconds

4 x 7 = ____	12 x 7 = ____	4 x 7 = ____	10 x 7 = ____	6 x 7 = ____	8 x 7 = ____
7 x 7 = ____	7 x 9 = ____	10 x 7 = ____	6 x 7 = ____	12 x 7 = ____	7 x 9 = ____
4 x 7 = ____	7 x 4 = ____	7 x 12 = ____	7 x 2 = ____	6 x 7 = ____	8 x 7 = ____
7 x 7 = ____	7 x 9 = ____	7 x 5 = ____	7 x 9 = ____	7 x 3 = ____	7 x 7 = ____
7 x 9 = ____	8 x 7 = ____	7 x 8 = ____	12 x 7 = ____	7 x 8 = ____	10 x 7 = ____
10 x 7 = ____	7 x 7 = ____	7 x 3 = ____	4 x 7 = ____	7 x 7 = ____	7 x 12 = ____
4 x 7 = ____	8 x 7 = ____	7 x 7 = ____	7 x 2 = ____	7 x 8 = ____	8 x 7 = ____

CHAPTER **11**

Times 7

LESSON **3**

Feel free to look up any answers in the Reference Table. That means "No Excuses" for wrong answers - 100% accuracy is expected. Your score is the "Time Taken" to complete all questions on these two pages. Challenge yourself. Do the questions quickly. Time yourself the first time, and then "Beat Your Best Time!" every time.

7 x 12 = ____	7 x 4 = ____	4 x 7 = ____	7 x 7 = ____	4 x 7 = ____	9 x 7 = ____
12 x 7 = ____	7 x 12 = ____	10 x 7 = ____	7 x 7 = ____	7 x 4 = ____	7 x 7 = ____
7 x 9 = ____	7 x 5 = ____			6 x 7 = ____	8 x 7 = ____
7 x 7 = ____	7 x 9 = ____			10 x 7 = ____	4 x 7 = ____
7 x 8 = ____	8 x 7 = ____	7 x 9 = ____	7 x 4 = ____	7 x 8 = ____	10 x 7 = ____
7 x 4 = ____	6 x 7 = ____	10 x 7 = ____	7 x 8 = ____	7 x 4 = ____	6 x 7 = ____
7 x 12 = ____	12 x 7 = ____	6 x 7 = ____	10 x 7 = ____	6 x 7 = ____	8 x 7 = ____

Reference Table

x	1	2	3	4	5	6	7	8	9	10	11	12
1	1	2	3	4	5	6	7	8	9	10	11	12
2	2	4	6	8	10	12	14	16	18	20	22	24
3	3	6	9	12	15	18	21	24	27	30	33	36
4	4	8	12	16	20	24	28	32	36	40	44	48
5	5	10	15	20	25	30	35	40	45	50	55	60
6	6	12	18	24	30	36	42	48	54	60	66	72
7	7	14	21	28	35	42	49	56	63	70	77	84
8	8	16	24	32	40	48	56	64	72	80	88	96
9	9	18	27	36	45	54	63	72	81	90	99	108
10	10	20	30	40	50	60	70	80	90	100	110	120
11	11	22	33	44	55	66	77	88	99	110	121	132
12	12	24	36	48	60	72	84	96	108	120	132	144

CHAPTER 11

Times 7

LESSON 3

Time Taken: _______Minutes, and _______Seconds

6 x 7 = ____	7 x 7 = ____	7 x 12 = ____	7 x 4 = ____	4 x 7 = ____	10 x 7 = ____
7 x 3 = ____	4 x 7 = ____	7 x 5 = ____	6 x 7 = ____	7 x 2 = ____	6 x 7 = ____
7 x 8 = ____	7 x 2 = ____	6 x 7 = ____	11 x 7 = ____	6 x 7 = ____	8 x 7 = ____
10 x 7 = ____	7 x 12 = ____	9 x 7 = ____	7 x 9 = ____	10 x 7 = ____	4 x 7 = ____
7 x 7 = ____	8 x 7 = ____	7 x 8 = ____	7 x 2 = ____	7 x 7 = ____	9 x 7 = ____
7 x 4 = ____	4 x 7 = ____	10 x 7 = ____	7 x 8 = ____	7 x 6 = ____	7 x 9 = ____
7 x 8 = ____	10 x 7 = ____	7 x 7 = ____	7 x 3 = ____	7 x 8 = ____	8 x 7 = ____

CHAPTER

11

Times 7

LESSON

4

Feel free to look up any answers in the Reference Table. That means "No Excuses" for wrong answers - 100% accuracy is expected. Your score is the "Time Taken" to complete all questions on these two pages. Challenge yourself. Do the questions quickly. Time yourself the first time, and then "Beat Your Best Time!" every time.

7	9	7	7	4	7
x 8	x 7	x 12	x 5	x 7	x 6

8	7	8	7	7	7
x 7	x 12	x 7	x 7	x 3	x 7

7	10	4	8
x 9	x 7	x 7	x 7

7	6	12	4
x 7	x 7	x 7	x 7

Reference Table

x	1	2	3	4	5	6	7	8	9	10	11	12
1	1	2	3	4	5	6	7	8	9	10	11	12
2	2	4	6	8	10	12	14	16	18	20	22	24
3	3	6	9	12	15	18	21	24	27	30	33	36
4	4	8	12	16	20	24	28	32	36	40	44	48
5	5	10	15	20	25	30	35	40	45	50	55	60
6	6	12	18	24	30	36	42	48	54	60	66	72
7	7	14	21	28	35	42	49	56	63	70	77	84
8	8	16	24	32	40	48	56	64	72	80	88	96
9	9	18	27	36	45	54	63	72	81	90	99	108
10	10	20	30	40	50	60	70	80	90	100	110	120
11	11	22	33	44	55	66	77	88	99	110	121	132
12	12	24	36	48	60	72	84	96	108	120	132	144

7	8	6	9	6	8
x 7	x 7	x 7	x 7	x 7	x 7

11	7	7	7	9	7
x 7	x 8	x 6	x 8	x 7	x 12

7	7	6	10	7	8
x 12	x 2	x 7	x 7	x 7	x 7

CHAPTER 11

Times 7

LESSON 4

Time Taken: _______Minutes, and _______Seconds

7 x 12	11 x 7	7 x 7	7 x 3	7 x 7	7 x 6
8 x 7	4 x 7	7 x 4	6 x 7	7 x 3	7 x 12
7 x 9	7 x 3	7 x 9	7 x 7	4 x 7	8 x 7
7 x 2	6 x 7	9 x 7	7 x 8	12 x 7	7 x 7
7 x 8	8 x 7	7 x 7	12 x 7	6 x 7	11 x 7
7 x 6	7 x 12	7 x 3	4 x 7	9 x 7	6 x 7
4 x 7	9 x 7	7 x 9	7 x 7	7 x 8	8 x 7

CHAPTER **11**

Times 7

LESSON **5**

Feel free to look up any answers in the Reference Table. That means "No Excuses" for wrong answers - 100% accuracy is expected. Your score is the "Time Taken" to complete all questions on these two pages. Challenge yourself. Do the questions quickly. Time yourself the first time, and then "Beat Your Best Time!" every time.

7 x 12 = ____	7 x 4 = ____	7 x 7 = ____	7 x 4 = ____	7 x 8 = ____	7 x 5 = ____
7 x 3 = ____	7 x 7 = ____	10 x 7 = ____	6 x 7 = ____	9 x 7 = ____	4 x 7 = ____
6 x 7 = ____	7 x 5 = ____			4 x 7 = ____	8 x 7 = ____
11 x 7 = ____	6 x 7 = ____			8 x 7 = ____	6 x 7 = ____
7 x 12 = ____	8 x 7 = ____	6 x 7 = ____	8 x 7 = ____	7 x 7 = ____	7 x 2 = ____
7 x 7 = ____	7 x 12 = ____	12 x 7 = ____	7 x 9 = ____	7 x 3 = ____	7 x 9 = ____
4 x 7 = ____	10 x 7 = ____	6 x 7 = ____	10 x 7 = ____	7 x 8 = ____	8 x 7 = ____

Reference Table

x	1	2	3	4	5	6	7	8	9	10	11	12
1	1	2	3	4	5	6	7	8	9	10	11	12
2	2	4	6	8	10	12	14	16	18	20	22	24
3	3	6	9	12	15	18	21	24	27	30	33	36
4	4	8	12	16	20	24	28	32	36	40	44	48
5	5	10	15	20	25	30	35	40	45	50	55	60
6	6	12	18	24	30	36	42	48	54	60	66	72
7	7	14	21	28	35	42	49	56	63	70	77	84
8	8	16	24	32	40	48	56	64	72	80	88	96
9	9	18	27	36	45	54	63	72	81	90	99	108
10	10	20	30	40	50	60	70	80	90	100	110	120
11	11	22	33	44	55	66	77	88	99	110	121	132
12	12	24	36	48	60	72	84	96	108	120	132	144

CHAPTER 11

Times 7

LESSON 5

Time Taken: _______Minutes, and _______Seconds

6 x 7 = ____	8 x 7 = ____	7 x 8 = ____	11 x 7 = ____	7 x 7 = ____	7 x 5 = ____
7 x 5 = ____	7 x 8 = ____	7 x 5 = ____	4 x 7 = ____	7 x 2 = ____	6 x 7 = ____
7 x 7 = ____	7 x 2 = ____	7 x 8 = ____	12 x 7 = ____	7 x 12 = ____	8 x 7 = ____
8 x 7 = ____	7 x 12 = ____	7 x 4 = ____	6 x 7 = ____	10 x 7 = ____	7 x 12 = ____
7 x 8 = ____	8 x 7 = ____	7 x 8 = ____	12 x 7 = ____	6 x 7 = ____	8 x 7 = ____
7 x 6 = ____	7 x 12 = ____	12 x 7 = ____	6 x 7 = ____	7 x 6 = ____	7 x 12 = ____
4 x 7 = ____	7 x 5 = ____	6 x 7 = ____	12 x 7 = ____	6 x 7 = ____	8 x 7 = ____

The mathematician's patterns, like the painter's or the poet's must be beautiful; the ideas like the colours or the words, must fit together in a harmonious way. Beauty is the first test: there is no permanent place in the world for ugly mathematics.

G.H. Hardy

CHAPTER

12 Times 8 and a Nifty Trick

LESSON

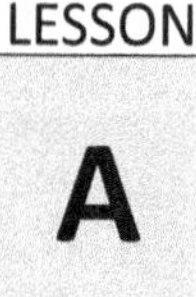

THE 8 TIMES TRICK

This trick is not very common and you'd be surprised to learn it here. Very useful in tests.

STEP 1: Write the numbers in the 1st column from **0 to 9**, **WITH 4 AND 8 BOTH WRITTEN TWICE** as shown.

STEP 2: In the 2nd column, write the **EVEN NUMBERS** starting with **8, 6, 4, 2, 0**, and then repeating the same pattern all the way to the bottom of the column.

STEP 3: Write an = sign on the right in the 3rd column.

STEP 4: Write the numbers **1 to 12** in the 4th column.

STEP 5: Write **x8** in the last column, and we're done. The **8** times table is complete.

STEPS

	1	2	3	4	5
	↓	↓	↓	↓	↓
	0	8	=	1	x8
	1	6	=	2	x8
	2	4	=	3	x8
	3	2	=	4	x8
4 is written Twice →	4	0	=	5	x8
4 is written Twice →	4	8	=	6	x8
	5	6	=	7	x8
	6	4	=	8	x8
	7	2	=	9	x8
8 is written Twice →	8	0	=	10	x8
8 is written Twice →	8	8	=	11	x8
	9	6	=	12	x8

CHAPTER **12**

Times 8

LESSON **1**

Feel free to look up any answers in the Reference Table. That means "No Excuses" for wrong answers - 100% accuracy is expected. Your score is the "Time Taken" to complete all questions on these two pages. Challenge yourself. Do the questions quickly. Time yourself the first time, and then "Beat Your Best Time!" every time.

8 x 8 = ____	8 x 7 = ____	4 x 8 = ____	8 x 6 = ____	8 x 9 = ____	8 x 2 = ____
12 x 8 = ____	8 x 9 = ____	8 x 4 = ____	8 x 12 = ____	8 x 2 = ____	7 x 8 = ____
8 x 8 = ____	8 x 6 = ____			6 x 8 = ____	8 x 6 = ____
8 x 4 = ____	6 x 8 = ____			8 x 4 = ____	8 x 8 = ____
6 x 8 = ____	8 x 8 = ____	8 x 9 = ____	8 x 6 = ____	4 x 8 = ____	9 x 8 = ____
8 x 3 = ____	8 x 8 = ____	12 x 8 = ____	6 x 8 = ____	8 x 6 = ____	6 x 8 = ____
4 x 8 = ____	10 x 8 = ____	8 x 8 = ____	8 x 7 = ____	8 x 12 = ____	8 x 7 = ____

Reference Table

x	1	2	3	4	5	6	7	8	9	10	11	12
1	1	2	3	4	5	6	7	8	9	10	11	12
2	2	4	6	8	10	12	14	16	18	20	22	24
3	3	6	9	12	15	18	21	24	27	30	33	36
4	4	8	12	16	20	24	28	32	36	40	44	48
5	5	10	15	20	25	30	35	40	45	50	55	60
6	6	12	18	24	30	36	42	48	54	60	66	72
7	7	14	21	28	35	42	49	56	63	70	77	84
8	8	16	24	32	40	48	56	64	72	80	88	96
9	9	18	27	36	45	54	63	72	81	90	99	108
10	10	20	30	40	50	60	70	80	90	100	110	120
11	11	22	33	44	55	66	77	88	99	110	121	132
12	12	24	36	48	60	72	84	96	108	120	132	144

CHAPTER **12**

Times 8

LESSON **1**

Time Taken: _______Minutes, and _______Seconds

6 x 8	11 x 8	7 x 8	8 x 6	7 x 8	10 x 8
12 x 8	8 x 8	8 x 3	8 x 8	8 x 6	8 x 8
8 x 9	8 x 6	6 x 8	8 x 2	8 x 12	8 x 6
8 x 6	7 x 8	12 x 8	8 x 8	9 x 8	4 x 8
6 x 8	8 x 8	7 x 8	8 x 6	8 x 8	12 x 8
9 x 8	8 x 12	8 x 3	8 x 12	8 x 5	8 x 9
4 x 8	8 x 5	8 x 8	9 x 8	7 x 8	11 x 8

CHAPTER **12**

Times 8

LESSON **2**

Feel free to look up any answers in the Reference Table. That means "No Excuses" for wrong answers - 100% accuracy is expected. Your score is the "Time Taken" to complete all questions on these two pages. Challenge yourself. Do the questions quickly. Time yourself the first time, and then "Beat Your Best Time!" every time.

8 x 8 = ____	8 x 5 = ____	4 x 8 = ____	8 x 6 = ____	8 x 8 = ____	8 x 4 = ____
12 x 8 = ____	7 x 8 = ____	8 x 4 = ____	8 x 12 = ____	9 x 8 = ____	7 x 8 = ____
4 x 8 = ____	8 x 6 = ____			8 x 8 = ____	8 x 6 = ____
8 x 4 = ____	4 x 8 = ____			8 x 5 = ____	8 x 9 = ____
4 x 8 = ____	9 x 8 = ____	6 x 8 = ____	8 x 6 = ____	8 x 12 = ____	12 x 8 = ____
9 x 8 = ____	6 x 8 = ____	8 x 4 = ____	7 x 8 = ____	11 x 8 = ____	6 x 8 = ____
4 x 8 = ____	8 x 5 = ____	7 x 8 = ____	8 x 8 = ____	8 x 8 = ____	9 x 8 = ____

Reference Table

x	1	2	3	4	5	6	7	8	9	10	11	12
1	1	2	3	4	5	6	7	8	9	10	11	12
2	2	4	6	8	10	12	14	16	18	20	22	24
3	3	6	9	12	15	18	21	24	27	30	33	36
4	4	8	12	16	20	24	28	32	36	40	44	48
5	5	10	15	20	25	30	35	40	45	50	55	60
6	6	12	18	24	30	36	42	48	54	60	66	72
7	7	14	21	28	35	42	49	56	63	70	77	84
8	8	16	24	32	40	48	56	64	72	80	88	96
9	9	18	27	36	45	54	63	72	81	90	99	108
10	10	20	30	40	50	60	70	80	90	100	110	120
11	11	22	33	44	55	66	77	88	99	110	121	132
12	12	24	36	48	60	72	84	96	108	120	132	144

CHAPTER 12

Times 8

LESSON 2

Time Taken: _______Minutes, and _______Seconds

8 x 12 = ___	8 x 8 = ___	4 x 8 = ___	8 x 6 = ___	6 x 8 = ___	8 x 6 = ___
12 x 8 = ___	8 x 12 = ___	8 x 2 = ___	8 x 9 = ___	11 x 8 = ___	8 x 8 = ___
8 x 12 = ___	8 x 6 = ___	4 x 8 = ___	8 x 3 = ___	8 x 9 = ___	8 x 6 = ___
9 x 8 = ___	7 x 8 = ___	12 x 8 = ___	8 x 9 = ___	10 x 8 = ___	4 x 8 = ___
7 x 8 = ___	8 x 6 = ___	8 x 8 = ___	8 x 6 = ___	8 x 9 = ___	8 x 7 = ___
9 x 8 = ___	4 x 8 = ___	8 x 2 = ___	8 x 8 = ___	8 x 3 = ___	6 x 8 = ___
8 x 12 = ___	8 x 5 = ___	8 x 9 = ___	8 x 8 = ___	7 x 8 = ___	8 x 2 = ___

CHAPTER 12

Times 8

LESSON 3

Feel free to look up any answers in the Reference Table. That means "No Excuses" for wrong answers - 100% accuracy is expected. Your score is the "Time Taken" to complete all questions on these two pages. Challenge yourself. Do the questions quickly. Time yourself the first time, and then "Beat Your Best Time!" every time.

7 x 8 ____	9 x 8 ____	4 x 8 ____	8 x 6 ____	7 x 8 ____	10 x 8 ____
12 x 8 ____	6 x 8 ____	11 x 8 ____	6 x 8 ____	10 x 8 ____	4 x 8 ____
8 x 12 ____	8 x 6 ____			8 x 12 ____	8 x 6 ____
8 x 4 ____	6 x 8 ____			8 x 5 ____	8 x 12 ____

Reference Table

x	1	2	3	4	5	6	7	8	9	10	11	12
1	1	2	3	4	5	6	7	8	9	10	11	12
2	2	4	6	8	10	12	14	16	18	20	22	24
3	3	6	9	12	15	18	21	24	27	30	33	36
4	4	8	12	16	20	24	28	32	36	40	44	48
5	5	10	15	20	25	30	35	40	45	50	55	60
6	6	12	18	24	30	36	42	48	54	60	66	72
7	7	14	21	28	35	42	49	56	63	70	77	84
8	8	16	24	32	40	48	56	64	72	80	88	96
9	9	18	27	36	45	54	63	72	81	90	99	108
10	10	20	30	40	50	60	70	80	90	100	110	120
11	11	22	33	44	55	66	77	88	99	110	121	132
12	12	24	36	48	60	72	84	96	108	120	132	144

6 x 8 ____	8 x 7 ____	8 x 9 ____	8 x 6 ____	8 x 8 ____	8 x 7 ____
9 x 8 ____	8 x 12 ____	8 x 3 ____	8 x 9 ____	8 x 5 ____	6 x 8 ____
8 x 8 ____	8 x 3 ____	8 x 8 ____	8 x 8 ____	8 x 12 ____	8 x 7 ____

CHAPTER

12

Times 8

LESSON

3

Time Taken: _______Minutes, and _______Seconds

8 x 9	8 x 5	7 x 8	8 x 6	8 x 12	9 x 8
12 x 8	7 x 8	12 x 8	4 x 8	8 x 8	8 x 8
6 x 8	8 x 6	6 x 8	8 x 7	4 x 8	8 x 6
8 x 3	8 x 8	12 x 8	8 x 12	10 x 8	4 x 8
8 x 9	9 x 8	7 x 8	8 x 6	8 x 8	9 x 8
8 x 8	8 x 12	10 x 8	7 x 8	11 x 8	4 x 8
8 x 8	11 x 8	4 x 8	8 x 2	8 x 12	8 x 6

ISBN: 978-0-9689408-4-6

CHAPTER 12

Times 8

LESSON 4

Feel free to look up any answers in the Reference Table. That means "No Excuses" for wrong answers - 100% accuracy is expected. Your score is the "Time Taken" to complete all questions on these two pages. Challenge yourself. Do the questions quickly. Time yourself the first time, and then "Beat Your Best Time!" every time.

8 x 9 = ____	8 x 3 = ____	7 x 8 = ____	8 x 6 = ____	8 x 12 = ____	10 x 8 = ____
12 x 8 = ____	4 x 8 = ____	12 x 8 = ____	6 x 8 = ____	8 x 8 = ____	7 x 8 = ____
8 x 12 = ____	8 x 6 = ____			8 x 8 = ____	8 x 6 = ____
8 x 8 = ____	8 x 9 = ____			8 x 7 = ____	6 x 8 = ____

Reference Table

x	1	2	3	4	5	6	7	8	9	10	11	12
1	1	2	3	4	5	6	7	8	9	10	11	12
2	2	4	6	8	10	12	14	16	18	20	22	24
3	3	6	9	12	15	18	21	24	27	30	33	36
4	4	8	12	16	20	24	28	32	36	40	44	48
5	5	10	15	20	25	30	35	40	45	50	55	60
6	6	12	18	24	30	36	42	48	54	60	66	72
7	7	14	21	28	35	42	49	56	63	70	77	84
8	8	16	24	32	40	48	56	64	72	80	88	96
9	9	18	27	36	45	54	63	72	81	90	99	108
10	10	20	30	40	50	60	70	80	90	100	110	120
11	11	22	33	44	55	66	77	88	99	110	121	132
12	12	24	36	48	60	72	84	96	108	120	132	144

8 x 9 = ____	8 x 3 = ____	8 x 9 = ____	8 x 6 = ____	8 x 12 = ____	12 x 8 = ____
11 x 8 = ____	8 x 12 = ____	11 x 8 = ____	8 x 12 = ____	9 x 8 = ____	8 x 8 = ____
8 x 12 = ____	8 x 4 = ____	7 x 8 = ____	11 x 8 = ____	8 x 12 = ____	8 x 8 = ____

CHAPTER 12

Times 8

LESSON 4

Time Taken: _______Minutes, and _______Seconds

4	8	4	8	6	8
x 8	x 6	x 8	x 6	x 8	x 6
12	8	8	8	8	8
x 8	x 8	x 6	x 8	x 3	x 9
7	8	7	8	8	8
x 8	x 6	x 8	x 4	x 9	x 6
8	7	12	8	8	4
x 6	x 8	x 8	x 9	x 8	x 8
8	8	7	8	8	12
x 12	x 4	x 8	x 6	x 9	x 8
8	4	8	8	8	8
x 7	x 8	x 8	x 12	x 7	x 9
8	8	8	9	8	8
x 9	x 2	x 12	x 8	x 8	x 7

CHAPTER 12

Times 8

LESSON 5

Feel free to look up any answers in the Reference Table. That means "No Excuses" for wrong answers - 100% accuracy is expected. Your score is the "Time Taken" to complete all questions on these two pages. Challenge yourself. Do the questions quickly. Time yourself the first time, and then "Beat Your Best Time!" every time.

7 x 8 = ____	8 x 7 = ____	8 x 8 = ____	8 x 6 = ____	8 x 12 = ____	12 x 8 = ____
12 x 8 = ____	4 x 8 = ____	8 x 7 = ____	6 x 8 = ____	8 x 8 = ____	8 x 12 = ____
6 x 8 = ____	8 x 6 = ____			6 x 8 = ____	8 x 6 = ____
8 x 5 = ____	8 x 9 = ____			8 x 3 = ____	8 x 9 = ____
8 x 8 = ____	8 x 4 = ____	6 x 8 = ____	8 x 6 = ____	4 x 8 = ____	11 x 8 = ____
8 x 2 = ____	6 x 8 = ____	10 x 8 = ____	8 x 12 = ____	8 x 2 = ____	8 x 12 = ____
7 x 8 = ____	8 x 7 = ____	8 x 8 = ____	8 x 2 = ____	7 x 8 = ____	8 x 5 = ____

Reference Table

x	1	2	3	4	5	6	7	8	9	10	11	12
1	1	2	3	4	5	6	7	8	9	10	11	12
2	2	4	6	8	10	12	14	16	18	20	22	24
3	3	6	9	12	15	18	21	24	27	30	33	36
4	4	8	12	16	20	24	28	32	36	40	44	48
5	5	10	15	20	25	30	35	40	45	50	55	60
6	6	12	18	24	30	36	42	48	54	60	66	72
7	7	14	21	28	35	42	49	56	63	70	77	84
8	8	16	24	32	40	48	56	64	72	80	88	96
9	9	18	27	36	45	54	63	72	81	90	99	108
10	10	20	30	40	50	60	70	80	90	100	110	120
11	11	22	33	44	55	66	77	88	99	110	121	132
12	12	24	36	48	60	72	84	96	108	120	132	144

CHAPTER 12

Times 8

LESSON 5

Time Taken: _______Minutes, and _______Seconds

6 x 8	8 x 4	8 x 8	8 x 6	8 x 9	9 x 8
12 x 8	8 x 8	8 x 7	7 x 8	11 x 8	8 x 9
8 x 8	8 x 6	8 x 9	8 x 8	7 x 8	8 x 6
8 x 2	6 x 8	12 x 8	4 x 8	8 x 6	7 x 8
7 x 8	8 x 5	6 x 8	8 x 6	4 x 8	9 x 8
9 x 8	8 x 12	8 x 1	8 x 8	12 x 8	8 x 8
8 x 9	8 x 8	4 x 8	8 x 3	8 x 12	8 x 3

At the age of eleven, I began Euclid, with my brother as my tutor. This was one of the great events of my life, as dazzling as first love. I had not imagined there was anything so delicious in the world. From that moment until I was thirty-eight, mathematics was my chief interest and my chief source of happiness.

Bertrand Russell

CHAPTER

13 Times 12 and a Slick Trick

LESSON

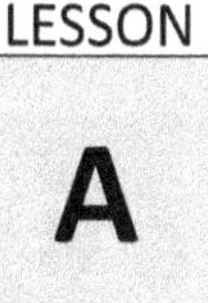

The 12 Times Trick

This trick is not very common and you'd be surprised to learn it here. Very useful in tests.

Step 1: Write the numbers from **0 to 14** in a column format, **SKIPPING 5 AND 11** as shown below.

Step 2: Write the numbers **0, 2, 4, 6, 8** repeatedly in the 2nd column just to the right hand side of the first column. That is, after you write 8, start with **0** again until you reach the end.

Step 3: Write an = sign on the right in the 3rd column.

Step 4: Write the numbers **0 to 12** in the 4th column, without skipping.

Step 5: Write **x12** in the last column, and we're done. We have the complete 12 times table.

Steps

	1	2	3	4	5
	↓	↓	↓	↓	↓
	0	0	=	**0**	x 12
	1	2	=	**1**	x 12
	2	4	=	**2**	x 12
	3	6	=	**3**	x 12
	4	8	=	**4**	x 12
Skip 5 →	**6**	0	=	**5**	x 12
	7	2	=	**6**	x 12
	8	4	=	**7**	x 12
	9	6	=	**8**	x 12
	10	8	=	**9**	x 12
Skip 11 →	**12**	0	=	**10**	x 12
	13	2	=	**11**	x 12
	14	4	=	**12**	x 12

ISBN: 978-0-9689408-4-6

CHAPTER **13**

Times 12

LESSON **1**

Feel free to look up any answers in the Reference Table. That means "No Excuses" for wrong answers - 100% accuracy is expected. Your score is the "Time Taken" to complete all questions on these two pages. Challenge yourself. Do the questions quickly. Time yourself the first time, and then "Beat Your Best Time!" every time.

8 x 12 = ____	12 x 5 = ____	11 x 12 = ____	12 x 8 = ____	6 x 12 = ____	12 x 8 = ____
12 x 3 = ____	7 x 12 = ____	12 x 12 = ____	9 x 12 = ____	12 x 11 = ____	7 x 12 = ____
12 x 12 = ____	12 x 8 = ____			12 x 12 = ____	12 x 6 = ____
12 x 5 = ____	8 x 12 = ____			12 x 7 = ____	6 x 12 = ____

Reference Table

x	1	2	3	4	5	6	7	8	9	10	11	12
1	1	2	3	4	5	6	7	8	9	10	11	12
2	2	4	6	8	10	12	14	16	18	20	22	24
3	3	6	9	12	15	18	21	24	27	30	33	36
4	4	8	12	16	20	24	28	32	36	40	44	48
5	5	10	15	20	25	30	35	40	45	50	55	60
6	6	12	18	24	30	36	42	48	54	60	66	72
7	7	14	21	28	35	42	49	56	63	70	77	84
8	8	16	24	32	40	48	56	64	72	80	88	96
9	9	18	27	36	45	54	63	72	81	90	99	108
10	10	20	30	40	50	60	70	80	90	100	110	120
11	11	22	33	44	55	66	77	88	99	110	121	132
12	12	24	36	48	60	72	84	96	108	120	132	144

12 x 12 = ____	12 x 7 = ____	7 x 12 = ____	12 x 5 = ____	9 x 12 = ____	12 x 4 = ____
12 x 8 = ____	8 x 12 = ____	12 x 10 = ____	11 x 12 = ____	12 x 11 = ____	7 x 12 = ____
6 x 12 = ____	12 x 10 = ____	9 x 12 = ____	12 x 6 = ____	12 x 12 = ____	12 x 3 = ____

ISBN: 978-0-9689408-4-6

CHAPTER 13

Times 12

LESSON 1

Time Taken: _______Minutes, and _______Seconds

6 x 12	12 x 10	6 x 12	12 x 8	8 x 12	12 x 8
12 x 1	12 x 12	12 x 3	8 x 12	12 x 11	6 x 12
12 x 12	12 x 9	8 x 12	12 x 6	9 x 12	12 x 11
12 x 10	9 x 12	12 x 0	12 x 12	12 x 8	8 x 12
12 x 12	12 x 5	9 x 12	12 x 5	7 x 12	12 x 5
12 x 10	8 x 12	12 x 3	8 x 12	12 x 11	6 x 12
6 x 12	12 x 6	12 x 12	12 x 7	7 x 12	12 x 11

CHAPTER 13

Times 12

LESSON 2

Feel free to look up any answers in the Reference Table. That means "No Excuses" for wrong answers - 100% accuracy is expected. Your score is the "Time Taken" to complete all questions on these two pages. Challenge yourself. Do the questions quickly. Time yourself the first time, and then "Beat Your Best Time!" every time.

8 x 12 = ____ 12 x 2 = ____ 9 x 12 = ____ 12 x 8 = ____ 8 x 12 = ____ 12 x 8 = ____

12 x 10 = ____ 6 x 12 = ____ 12 x 12 = ____ 8 x 12 = ____ 12 x 11 = ____ 9 x 12 = ____

6 x 12 = ____ 12 x 7 = ____ 9 x 12 = ____ 12 x 7 = ____

12 x 8 = ____ 9 x 12 = ____ 12 x 3 = ____ 8 x 12 = ____

Reference Table

x	1	2	3	4	5	6	7	8	9	10	11	12
1	1	2	3	4	5	6	7	8	9	10	11	12
2	2	4	6	8	10	12	14	16	18	20	22	24
3	3	6	9	12	15	18	21	24	27	30	33	36
4	4	8	12	16	20	24	28	32	36	40	44	48
5	5	10	15	20	25	30	35	40	45	50	55	60
6	6	12	18	24	30	36	42	48	54	60	66	72
7	7	14	21	28	35	42	49	56	63	70	77	84
8	8	16	24	32	40	48	56	64	72	80	88	96
9	9	18	27	36	45	54	63	72	81	90	99	108
10	10	20	30	40	50	60	70	80	90	100	110	120
11	11	22	33	44	55	66	77	88	99	110	121	132
12	12	24	36	48	60	72	84	96	108	120	132	144

12 x 12 = ____ 12 x 11 = ____ 12 x 12 = ____ 12 x 11 = ____ 6 x 12 = ____ 12 x 7 = ____

12 x 9 = ____ 12 x 12 = ____ 12 x 5 = ____ 11 x 12 = ____ 12 x 11 = ____ 12 x 12 = ____

9 x 12 = ____ 12 x 3 = ____ 8 x 12 = ____ 12 x 9 = ____ 12 x 12 = ____ 12 x 12 = ____

13

Times 12

2

Time Taken: _______Minutes, and _______Seconds

8 x 12	12 x 5	6 x 12	12 x 8	12 x 12	12 x 8
12 x 7	12 x 12	12 x 5	11 x 12	12 x 11	11 x 12
12 x 12	12 x 4	9 x 12	12 x 12	12 x 12	12 x 9
12 x 4	6 x 12	12 x 1	11 x 12	12 x 11	7 x 12
7 x 12	12 x 3	11 x 12	12 x 10	12 x 12	12 x 2
12 x 8	7 x 12	12 x 1	9 x 12	12 x 11	7 x 12
11 x 12	12 x 7	11 x 12	12 x 4	8 x 12	12 x 12

ISBN: 978-0-9689408-4-6

CHAPTER

13

Times 12

LESSON

3

Feel free to look up any answers in the Reference Table. That means "No Excuses" for wrong answers - 100% accuracy is expected. Your score is the "Time Taken" to complete all questions on these two pages. Challenge yourself. Do the questions quickly. Time yourself the first time, and then "Beat Your Best Time!" every time.

9 x 12 ____ 12 x 11 ____ 11 x 12 ____ 12 x 8 ____ 12 x 12 ____ 12 x 8 ____

12 x 12 ____ 8 x 12 ____ 12 x 11 ____ 7 x 12 ____ 12 x 11 ____ 7 x 12 ____

6 x 12 ____ 12 x 12 ____ 6 x 12 ____ 12 x 8 ____

12 x 2 ____ 9 x 12 ____ 12 x 3 ____ 9 x 12 ____

Reference Table

x	1	2	3	4	5	6	7	8	9	10	11	12
1	1	2	3	4	5	6	7	8	9	10	11	12
2	2	4	6	8	10	12	14	16	18	20	22	24
3	3	6	9	12	15	18	21	24	27	30	33	36
4	4	8	12	16	20	24	28	32	36	40	44	48
5	5	10	15	20	25	30	35	40	45	50	55	60
6	6	12	18	24	30	36	42	48	54	60	66	72
7	7	14	21	28	35	42	49	56	63	70	77	84
8	8	16	24	32	40	48	56	64	72	80	88	96
9	9	18	27	36	45	54	63	72	81	90	99	108
10	10	20	30	40	50	60	70	80	90	100	110	120
11	11	22	33	44	55	66	77	88	99	110	121	132
12	12	24	36	48	60	72	84	96	108	120	132	144

12 x 12 ____ 12 x 4 ____ 6 x 12 ____ 12 x 4 ____ 7 x 12 ____ 12 x 4 ____

12 x 8 ____ 6 x 12 ____ 12 x 4 ____ 8 x 12 ____ 12 x 11 ____ 11 x 12 ____

8 x 12 ____ 12 x 12 ____ 12 x 12 ____ 12 x 5 ____ 11 x 12 ____ 12 x 3 ____

ISBN: 978-0-9689408-4-6

Times 12

Time Taken: _______Minutes, and _______Seconds

8 x 12	12 x 5	8 x 12	12 x 8	6 x 12	12 x 8
12 x 7	9 x 12	12 x 5	9 x 12	12 x 11	11 x 12
7 x 12	12 x 3	8 x 12	12 x 4	11 x 12	12 x 2
12 x 3	12 x 12	12 x 4	8 x 12	12 x 11	8 x 12
11 x 12	12 x 9	6 x 12	12 x 8	6 x 12	12 x 4
12 x 7	7 x 12	12 x 10	11 x 12	12 x 11	11 x 12
8 x 12	12 x 6	6 x 12	12 x 2	6 x 12	12 x 3

ISBN: 978-0-9689408-4-6

CHAPTER **13**

Times 12

LESSON **4**

Feel free to look up any answers in the Reference Table. That means "No Excuses" for wrong answers - 100% accuracy is expected. Your score is the "Time Taken" to complete all questions on these two pages. Challenge yourself. Do the questions quickly. Time yourself the first time, and then "Beat Your Best Time!" every time.

11 x 12 = ____	12 x 8 = ____	9 x 12 = ____	12 x 8 = ____	11 x 12 = ____	12 x 8 = ____
12 x 6 = ____	9 x 12 = ____	12 x 3 = ____	6 x 12 = ____	12 x 11 = ____	11 x 12 = ____
9 x 12 = ____	12 x 9 = ____			8 x 12 = ____	12 x 8 = ____
12 x 6 = ____	11 x 12 = ____			12 x 5 = ____	6 x 12 = ____
6 x 12 = ____	12 x 5 = ____	6 x 12 = ____	12 x 11 = ____	6 x 12 = ____	12 x 3 = ____
12 x 11 = ____	12 x 12 = ____	12 x 11 = ____	12 x 12 = ____	12 x 11 = ____	6 x 12 = ____
8 x 12 = ____	12 x 2 = ____	7 x 12 = ____	12 x 8 = ____	6 x 12 = ____	12 x 3 = ____

Reference Table

X	1	2	3	4	5	6	7	8	9	10	11	12
1	1	2	3	4	5	6	7	8	9	10	11	12
2	2	4	6	8	10	12	14	16	18	20	22	24
3	3	6	9	12	15	18	21	24	27	30	33	36
4	4	8	12	16	20	24	28	32	36	40	44	48
5	5	10	15	20	25	30	35	40	45	50	55	60
6	6	12	18	24	30	36	42	48	54	60	66	72
7	7	14	21	28	35	42	49	56	63	70	77	84
8	8	16	24	32	40	48	56	64	72	80	88	96
9	9	18	27	36	45	54	63	72	81	90	99	108
10	10	20	30	40	50	60	70	80	90	100	110	120
11	11	22	33	44	55	66	77	88	99	110	121	132
12	12	24	36	48	60	72	84	96	108	120	132	144

13

Times 12

4

Time Taken: _______Minutes, and _______Seconds

9 x 12	12 x 6	9 x 12	12 x 8	6 x 12	12 x 8
12 x 10	6 x 12	12 x 9	8 x 12	12 x 11	7 x 12
6 x 12	12 x 8	8 x 12	12 x 8	6 x 12	12 x 2
12 x 12	12 x 12	12 x 11	7 x 12	12 x 9	11 x 12
12 x 12	12 x 3	8 x 12	12 x 7	6 x 12	12 x 2
12 x 5	7 x 12	12 x 8	12 x 12	12 x 11	8 x 12
8 x 12	12 x 3	8 x 12	12 x 6	11 x 12	12 x 11

CHAPTER **13**

Times 12

LESSON **5**

Feel free to look up any answers in the Reference Table. That means "No Excuses" for wrong answers - 100% accuracy is expected. Your score is the "Time Taken" to complete all questions on these two pages. Challenge yourself. Do the questions quickly. Time yourself the first time, and then "Beat Your Best Time!" every time.

9 x 12 ____	12 x 10 ____	11 x 12 ____	12 x 8 ____	6 x 12 ____	12 x 8 ____
12 x 0 ____	11 x 12 ____	12 x 3 ____	8 x 12 ____	12 x 11 ____	7 x 12 ____
7 x 12 ____	12 x 12 ____			7 x 12 ____	12 x 2 ____
12 x 8 ____	6 x 12 ____			12 x 11 ____	8 x 12 ____

Reference Table

x	1	2	3	4	5	6	7	8	9	10	11	12
1	1	2	3	4	5	6	7	8	9	10	11	12
2	2	4	6	8	10	12	14	16	18	20	22	24
3	3	6	9	12	15	18	21	24	27	30	33	36
4	4	8	12	16	20	24	28	32	36	40	44	48
5	5	10	15	20	25	30	35	40	45	50	55	60
6	6	12	18	24	30	36	42	48	54	60	66	72
7	7	14	21	28	35	42	49	56	63	70	77	84
8	8	16	24	32	40	48	56	64	72	80	88	96
9	9	18	27	36	45	54	63	72	81	90	99	108
10	10	20	30	40	50	60	70	80	90	100	110	120
11	11	22	33	44	55	66	77	88	99	110	121	132
12	12	24	36	48	60	72	84	96	108	120	132	144

7 x 12 ____	12 x 2 ____	6 x 12 ____	12 x 5 ____	7 x 12 ____	12 x 11 ____
12 x 12 ____	7 x 12 ____	12 x 9 ____	8 x 12 ____	12 x 11 ____	6 x 12 ____
6 x 12 ____	12 x 3 ____	11 x 12 ____	12 x 8 ____	8 x 12 ____	12 x 8 ____

13

Times 12

5

Time Taken: _______Minutes, and _______Seconds

9 x 12	12 x 6	6 x 12	12 x 8	11 x 12	12 x 8
12 x 4	7 x 12	12 x 2	12 x 12	12 x 11	7 x 12
8 x 12	12 x 3	9 x 12	12 x 10	7 x 12	12 x 6
12 x 11	7 x 12	12 x 3	11 x 12	12 x 11	6 x 12
12 x 12	12 x 9	9 x 12	12 x 7	7 x 12	12 x 6
12 x 7	6 x 12	12 x 9	9 x 12	12 x 11	8 x 12
11 x 12	12 x 7	7 x 12	12 x 9	6 x 12	12 x 12

CHAPTER **14**

Mixed Review: The Challenging Ones

LESSON **1**

Feel free to look up any answers in the Reference Table. That means "No Excuses" for wrong answers - 100% accuracy is expected. Your score is the "Time Taken" to complete all questions on these two pages. Challenge yourself. Do the questions quickly. Time yourself the first time, and then "Beat Your Best Time!" every time.

8 x 12 = ____	12 x 4 = ____	5 x 12 = ____	9 x 6 = ____	7 x 7 = ____	8 x 7 = ____
9 x 4 = ____	9 x 9 = ____	7 x 4 = ____	6 x 12 = ____	8 x 5 = ____	7 x 8 = ____
8 x 9 = ____	12 x 4 = ____			8 x 12 = ____	9 x 7 = ____
12 x 6 = ____	5 x 9 = ____			8 x 7 = ____	4 x 9 = ____

Reference Table

x	1	2	3	4	5	6	7	8	9	10	11	12
1	1	2	3	4	5	6	7	8	9	10	11	12
2	2	4	6	8	10	12	14	16	18	20	22	24
3	3	6	9	12	15	18	21	24	27	30	33	36
4	4	8	12	16	20	24	28	32	36	40	44	48
5	5	10	15	20	25	30	35	40	45	50	55	60
6	6	12	18	24	30	36	42	48	54	60	66	72
7	7	14	21	28	35	42	49	56	63	70	77	84
8	8	16	24	32	40	48	56	64	72	80	88	96
9	9	18	27	36	45	54	63	72	81	90	99	108
10	10	20	30	40	50	60	70	80	90	100	110	120
11	11	22	33	44	55	66	77	88	99	110	121	132
12	12	24	36	48	60	72	84	96	108	120	132	144

8 x 12 = ____	6 x 5 = ____	4 x 5 = ____	8 x 6 = ____	5 x 6 = ____	4 x 4 = ____
12 x 9 = ____	9 x 12 = ____	6 x 4 = ____	4 x 7 = ____	6 x 4 = ____	5 x 7 = ____
6 x 7 = ____	8 x 4 = ____	9 x 9 = ____	12 x 6 = ____	4 x 12 = ____	9 x 9 = ____

CHAPTER

14 Mixed Review: The Challenging Ones

LESSON 1

Time Taken: _______Minutes, and _______Seconds

4 x 7	12 x 4	6 x 9	5 x 4	7 x 8	9 x 7
8 x 7	6 x 9	8 x 5	4 x 5	8 x 5	8 x 9
6 x 12	6 x 5	6 x 8	7 x 6	4 x 8	12 x 8
6 x 4	5 x 6	9 x 7	8 x 9	6 x 5	6 x 9
6 x 7	12 x 6	7 x 9	7 x 4	6 x 8	8 x 7
8 x 4	6 x 9	12 x 4	4 x 4	12 x 6	4 x 6
9 x 12	9 x 6	7 x 9	6 x 5	4 x 5	9 x 6

CHAPTER

14 Mixed Review: The Challenging Ones

LESSON 2

Feel free to look up any answers in the Reference Table. That means "No Excuses" for wrong answers - 100% accuracy is expected. Your score is the "Time Taken" to complete all questions on these two pages. Challenge yourself. Do the questions quickly. Time yourself the first time, and then "Beat Your Best Time!" every time.

4	9	4	7	4	9
x 6	x 8	x 6	x 6	x 9	x 7
____	____	____	____	____	____

6	6	12	8	8	4
x 4	x 6	x 7	x 9	x 8	x 12
____	____	____	____	____	____

4	12	6	12
x 12	x 9	x 9	x 8
____	____	____	____

6	7	12	8
x 6	x 8	x 9	x 8
____	____	____	____

Reference Table

x	1	2	3	4	5	6	7	8	9	10	11	12
1	1	2	3	4	5	6	7	8	9	10	11	12
2	2	4	6	8	10	12	14	16	18	20	22	24
3	3	6	9	12	15	18	21	24	27	30	33	36
4	4	8	12	16	20	24	28	32	36	40	44	48
5	5	10	15	20	25	30	35	40	45	50	55	60
6	6	12	18	24	30	36	42	48	54	60	66	72
7	7	14	21	28	35	42	49	56	63	70	77	84
8	8	16	24	32	40	48	56	64	72	80	88	96
9	9	18	27	36	45	54	63	72	81	90	99	108
10	10	20	30	40	50	60	70	80	90	100	110	120
11	11	22	33	44	55	66	77	88	99	110	121	132
12	12	24	36	48	60	72	84	96	108	120	132	144

7	7	4	12	8	6
x 9	x 4	x 7	x 4	x 9	x 4
____	____	____	____	____	____

8	6	12	5	9	6
x 5	x 8	x 7	x 7	x 6	x 12
____	____	____	____	____	____

4	12	4	4	12	7
x 6	x 9	x 8	x 4	x 12	x 4
____	____	____	____	____	____

CHAPTER 14

Mixed Review: The Challenging Ones

LESSON 2

Time Taken: _______Minutes, and _______Seconds

4 x 6 = ___	12 x 8 = ___	7 x 8 = ___	6 x 4 = ___	7 x 7 = ___	6 x 5 = ___
12 x 7 = ___	7 x 12 = ___	12 x 7 = ___	7 x 12 = ___	8 x 7 = ___	8 x 9 = ___
9 x 9 = ___	9 x 7 = ___	7 x 8 = ___	7 x 4 = ___	4 x 12 = ___	7 x 7 = ___
9 x 8 = ___	4 x 7 = ___	7 x 4 = ___	4 x 8 = ___	9 x 8 = ___	5 x 7 = ___
4 x 9 = ___	6 x 4 = ___	7 x 9 = ___	6 x 5 = ___	8 x 9 = ___	9 x 6 = ___
8 x 8 = ___	4 x 5 = ___	8 x 4 = ___	8 x 9 = ___	12 x 6 = ___	6 x 9 = ___
4 x 7 = ___	9 x 4 = ___	7 x 12 = ___	12 x 6 = ___	9 x 12 = ___	12 x 6 = ___

CHAPTER **14** LESSON **3**

Mixed Review: The Challenging Ones

Feel free to look up any answers in the Reference Table. That means "No Excuses" for wrong answers - 100% accuracy is expected. Your score is the "Time Taken" to complete all questions on these two pages. Challenge yourself. Do the questions quickly. Time yourself the first time, and then "Beat Your Best Time!" every time.

7 x 8 = ______ 12 x 8 = ______ 6 x 8 = ______ 7 x 4 = ______ 6 x 7 = ______ 8 x 7 = ______

12 x 5 = ______ 12 x 12 = ______ 9 x 9 = ______ 7 x 12 = ______ 12 x 5 = ______ 7 x 9 = ______

7 x 8 = ______ 12 x 12 = ______ 6 x 12 = ______ 6 x 5 = ______

9 x 4 = ______ 4 x 5 = ______ 7 x 7 = ______ 9 x 12 = ______

Reference Table

x	1	2	3	4	5	6	7	8	9	10	11	12
1	1	2	3	4	5	6	7	8	9	10	11	12
2	2	4	6	8	10	12	14	16	18	20	22	24
3	3	6	9	12	15	18	21	24	27	30	33	36
4	4	8	12	16	20	24	28	32	36	40	44	48
5	5	10	15	20	25	30	35	40	45	50	55	60
6	6	12	18	24	30	36	42	48	54	60	66	72
7	7	14	21	28	35	42	49	56	63	70	77	84
8	8	16	24	32	40	48	56	64	72	80	88	96
9	9	18	27	36	45	54	63	72	81	90	99	108
10	10	20	30	40	50	60	70	80	90	100	110	120
11	11	22	33	44	55	66	77	88	99	110	121	132
12	12	24	36	48	60	72	84	96	108	120	132	144

7 x 8 = ______ 12 x 4 = ______ 5 x 7 = ______ 7 x 4 = ______ 7 x 9 = ______ 7 x 5 = ______

8 x 5 = ______ 4 x 5 = ______ 8 x 8 = ______ 8 x 9 = ______ 7 x 6 = ______ 4 x 6 = ______

8 x 12 = ______ 8 x 6 = ______ 9 x 12 = ______ 6 x 6 = ______ 5 x 7 = ______ 7 x 6 = ______

CHAPTER 14

Mixed Review: The Challenging Ones

LESSON 3

Time Taken: _______Minutes, and _______Seconds

12 x 12	12 x 7	4 x 7	12 x 6	7 x 9	12 x 7
9 x 6	5 x 6	12 x 7	6 x 7	7 x 6	7 x 9
8 x 12	8 x 6	5 x 7	8 x 7	9 x 12	12 x 8
8 x 6	8 x 12	8 x 6	7 x 8	6 x 4	4 x 4
6 x 9	8 x 4	7 x 7	4 x 4	4 x 7	9 x 6
9 x 9	4 x 4	7 x 7	9 x 12	8 x 6	5 x 7
6 x 8	6 x 4	6 x 7	8 x 8	6 x 8	12 x 4

CHAPTER 14

LESSON 4

Mixed Review: The Challenging Ones

Feel free to look up any answers in the Reference Table. That means "No Excuses" for wrong answers - 100% accuracy is expected. Your score is the "Time Taken" to complete all questions on these two pages. Challenge yourself. Do the questions quickly. Time yourself the first time, and then "Beat Your Best Time!" every time.

5 x 12 = ____	12 x 4 = ____	4 x 6 = ____	5 x 4 = ____	6 x 12 = ____	12 x 7 = ____
8 x 7 = ____	4 x 5 = ____	9 x 8 = ____	7 x 12 = ____	8 x 5 = ____	7 x 12 = ____
4 x 6 = ____	6 x 4 = ____			7 x 12 = ____	12 x 9 = ____
9 x 7 = ____	4 x 6 = ____			5 x 4 = ____	6 x 8 = ____
7 x 8 = ____	7 x 4 = ____	8 x 12 = ____	12 x 9 = ____	4 x 12 = ____	8 x 4 = ____
7 x 7 = ____	5 x 8 = ____	6 x 4 = ____	4 x 7 = ____	12 x 8 = ____	12 x 12 = ____
6 x 9 = ____	8 x 5 = ____	4 x 8 = ____	12 x 9 = ____	6 x 8 = ____	8 x 4 = ____

Reference Table

x	1	2	3	4	5	6	7	8	9	10	11	12
1	1	2	3	4	5	6	7	8	9	10	11	12
2	2	4	6	8	10	12	14	16	18	20	22	24
3	3	6	9	12	15	18	21	24	27	30	33	36
4	4	8	12	16	20	24	28	32	36	40	44	48
5	5	10	15	20	25	30	35	40	45	50	55	60
6	6	12	18	24	30	36	42	48	54	60	66	72
7	7	14	21	28	35	42	49	56	63	70	77	84
8	8	16	24	32	40	48	56	64	72	80	88	96
9	9	18	27	36	45	54	63	72	81	90	99	108
10	10	20	30	40	50	60	70	80	90	100	110	120
11	11	22	33	44	55	66	77	88	99	110	121	132
12	12	24	36	48	60	72	84	96	108	120	132	144

CHAPTER 14

Mixed Review: The Challenging Ones

LESSON 4

Time Taken: _______Minutes, and _______Seconds

6 x 8	5 x 4	12 x 12	8 x 5	4 x 12	6 x 4
12 x 6	6 x 12	9 x 9	6 x 6	12 x 12	4 x 5
8 x 9	6 x 4	9 x 12	7 x 4	4 x 5	7 x 4
7 x 6	6 x 8	9 x 8	6 x 6	9 x 9	7 x 12
6 x 12	12 x 4	8 x 9	8 x 7	4 x 9	6 x 6
9 x 6	7 x 9	7 x 4	9 x 12	9 x 9	4 x 12
9 x 12	9 x 6	7 x 9	12 x 8	6 x 8	4 x 4

ISBN: 978-0-9689408-4-6

CHAPTER **14**

Mixed Review: The Challenging Ones

LESSON **5**

Feel free to look up any answers in the Reference Table. That means "No Excuses" for wrong answers - 100% accuracy is expected. Your score is the "Time Taken" to complete all questions on these two pages. Challenge yourself. Do the questions quickly. Time yourself the first time, and then "Beat Your Best Time!" every time.

5 x 7 = ____	7 x 5 = ____	6 x 12 = ____	12 x 6 = ____	6 x 6 = ____	8 x 4 = ____
9 x 8 = ____	8 x 9 = ____	9 x 6 = ____	7 x 7 = ____	9 x 9 = ____	6 x 9 = ____
6 x 7 = ____	6 x 4 = ____			6 x 8 = ____	12 x 4 = ____
8 x 6 = ____	7 x 7 = ____			12 x 5 = ____	5 x 9 = ____
6 x 12 = ____	8 x 8 = ____	6 x 12 = ____	12 x 6 = ____	8 x 8 = ____	7 x 6 = ____
6 x 4 = ____	4 x 6 = ____	12 x 7 = ____	4 x 4 = ____	8 x 8 = ____	7 x 7 = ____
4 x 4 = ____	8 x 6 = ____	4 x 6 = ____	12 x 9 = ____	6 x 12 = ____	12 x 12 = ____

Reference Table

x	1	2	3	4	5	6	7	8	9	10	11	12
1	1	2	3	4	5	6	7	8	9	10	11	12
2	2	4	6	8	10	12	14	16	18	20	22	24
3	3	6	9	12	15	18	21	24	27	30	33	36
4	4	8	12	16	20	24	28	32	36	40	44	48
5	5	10	15	20	25	30	35	40	45	50	55	60
6	6	12	18	24	30	36	42	48	54	60	66	72
7	7	14	21	28	35	42	49	56	63	70	77	84
8	8	16	24	32	40	48	56	64	72	80	88	96
9	9	18	27	36	45	54	63	72	81	90	99	108
10	10	20	30	40	50	60	70	80	90	100	110	120
11	11	22	33	44	55	66	77	88	99	110	121	132
12	12	24	36	48	60	72	84	96	108	120	132	144

CHAPTER 14

Mixed Review: The Challenging Ones

LESSON 5

Time Taken: _______Minutes, and _______Seconds

4 x 12	8 x 5	8 x 12	9 x 8	7 x 9	7 x 4
5 x 4	4 x 8	7 x 7	6 x 8	8 x 7	4 x 7
6 x 6	9 x 6	7 x 12	12 x 12	6 x 6	5 x 4
12 x 7	4 x 7	6 x 4	4 x 8	12 x 9	9 x 12
5 x 7	9 x 7	7 x 8	9 x 6	6 x 9	12 x 5
8 x 8	4 x 7	6 x 4	8 x 9	12 x 7	6 x 9
5 x 6	12 x 9	7 x 8	12 x 8	5 x 8	9 x 7

CHAPTER 14

Mixed Review: The Challenging Ones

LESSON 6

Feel free to look up any answers in the Reference Table. That means "No Excuses" for wrong answers - 100% accuracy is expected. Your score is the "Time Taken" to complete all questions on these two pages. Challenge yourself. Do the questions quickly. Time yourself the first time, and then "Beat Your Best Time!" every time.

4 x 9 ____	6 x 4 ____	8 x 8 ____	9 x 6 ____	12 x 12 ____	12 x 8 ____
8 x 6 ____	6 x 7 ____	7 x 7 ____	6 x 9 ____	7 x 6 ____	6 x 7 ____
4 x 7 ____	9 x 6 ____			7 x 9 ____	9 x 4 ____
7 x 7 ____	4 x 6 ____			12 x 4 ____	6 x 9 ____
8 x 12 ____	12 x 9 ____	9 x 12 ____	8 x 4 ____	4 x 9 ____	12 x 6 ____
8 x 5 ____	6 x 9 ____	9 x 9 ____	4 x 9 ____	9 x 8 ____	6 x 9 ____
7 x 12 ____	9 x 7 ____	6 x 9 ____	8 x 6 ____	7 x 7 ____	12 x 9 ____

Reference Table

x	1	2	3	4	5	6	7	8	9	10	11	12
1	1	2	3	4	5	6	7	8	9	10	11	12
2	2	4	6	8	10	12	14	16	18	20	22	24
3	3	6	9	12	15	18	21	24	27	30	33	36
4	4	8	12	16	20	24	28	32	36	40	44	48
5	5	10	15	20	25	30	35	40	45	50	55	60
6	6	12	18	24	30	36	42	48	54	60	66	72
7	7	14	21	28	35	42	49	56	63	70	77	84
8	8	16	24	32	40	48	56	64	72	80	88	96
9	9	18	27	36	45	54	63	72	81	90	99	108
10	10	20	30	40	50	60	70	80	90	100	110	120
11	11	22	33	44	55	66	77	88	99	110	121	132
12	12	24	36	48	60	72	84	96	108	120	132	144

CHAPTER 14

Mixed Review: The Challenging Ones

LESSON 6

Time Taken: _______Minutes, and _______Seconds

6 x 7	9 x 4	6 x 12	8 x 5	4 x 6	8 x 7
5 x 4	6 x 6	8 x 7	5 x 8	8 x 5	8 x 8
8 x 9	9 x 7	9 x 12	12 x 9	4 x 4	12 x 6
7 x 5	7 x 7	12 x 9	5 x 9	8 x 5	7 x 7
9 x 12	7 x 6	4 x 6	9 x 4	7 x 9	6 x 5
6 x 6	4 x 12	7 x 4	7 x 7	12 x 5	8 x 9
5 x 12	12 x 9	9 x 12	12 x 4	9 x 12	12 x 6

ISBN: 978-0-9689408-4-6

CHAPTER **14**

Mixed Review: The Challenging Ones

LESSON **7**

Feel free to look up any answers in the Reference Table. That means "No Excuses" for wrong answers - 100% accuracy is expected. Your score is the "Time Taken" to complete all questions on these two pages. Challenge yourself. Do the questions quickly. Time yourself the first time, and then "Beat Your Best Time!" every time.

7 x 9 = ____	9 x 4 = ____	12 x 12 = ____	12 x 8 = ____	4 x 6 = ____	9 x 4 = ____
7 x 6 = ____	6 x 9 = ____	12 x 8 = ____	5 x 7 = ____	9 x 6 = ____	4 x 8 = ____
9 x 12 = ____	12 x 9 = ____			8 x 9 = ____	8 x 4 = ____
8 x 6 = ____	5 x 9 = ____			6 x 6 = ____	8 x 12 = ____
12 x 12 = ____	7 x 4 = ____	9 x 9 = ____	8 x 5 = ____	5 x 9 = ____	8 x 6 = ____
5 x 4 = ____	7 x 12 = ____	9 x 6 = ____	5 x 9 = ____	7 x 4 = ____	8 x 9 = ____
4 x 12 = ____	6 x 6 = ____	9 x 12 = ____	6 x 4 = ____	4 x 6 = ____	9 x 4 = ____

Reference Table

x	1	2	3	4	5	6	7	8	9	10	11	12
1	1	2	3	4	5	6	7	8	9	10	11	12
2	2	4	6	8	10	12	14	16	18	20	22	24
3	3	6	9	12	15	18	21	24	27	30	33	36
4	4	8	12	16	20	24	28	32	36	40	44	48
5	5	10	15	20	25	30	35	40	45	50	55	60
6	6	12	18	24	30	36	42	48	54	60	66	72
7	7	14	21	28	35	42	49	56	63	70	77	84
8	8	16	24	32	40	48	56	64	72	80	88	96
9	9	18	27	36	45	54	63	72	81	90	99	108
10	10	20	30	40	50	60	70	80	90	100	110	120
11	11	22	33	44	55	66	77	88	99	110	121	132
12	12	24	36	48	60	72	84	96	108	120	132	144

CHAPTER 14

Mixed Review: The Challenging Ones

LESSON 7

Time Taken: _______Minutes, and _______Seconds

8 x 12	6 x 4	4 x 5	12 x 7	5 x 7	12 x 7
9 x 4	4 x 12	12 x 9	7 x 9	12 x 4	7 x 9
6 x 12	9 x 7	5 x 6	12 x 12	8 x 12	9 x 9
9 x 5	4 x 6	6 x 4	6 x 7	6 x 5	6 x 8
4 x 8	12 x 12	4 x 9	6 x 5	7 x 8	8 x 5
7 x 5	8 x 12	6 x 6	4 x 12	12 x 9	5 x 6
12 x 12	12 x 8	9 x 12	7 x 5	7 x 12	9 x 4

ISBN: 978-0-9689408-4-6

CHAPTER

14 Mixed Review: The Challenging Ones

LESSON **8**

Feel free to look up any answers in the Reference Table. That means "No Excuses" for wrong answers - 100% accuracy is expected. Your score is the "Time Taken" to complete all questions on these two pages. Challenge yourself. Do the questions quickly. Time yourself the first time, and then "Beat Your Best Time!" every time.

12 x 12 = ____	8 x 6 = ____	4 x 6 = ____	8 x 7 = ____	6 x 8 = ____	6 x 5 = ____
8 x 6 = ____	7 x 9 = ____	6 x 4 = ____	12 x 12 = ____	5 x 4 = ____	4 x 7 = ____
4 x 9 = ____	12 x 8 = ____			8 x 9 = ____	7 x 6 = ____
7 x 7 = ____	5 x 12 = ____			12 x 8 = ____	6 x 7 = ____
4 x 8 = ____	12 x 12 = ____	7 x 8 = ____	12 x 9 = ____	4 x 7 = ____	6 x 4 = ____
12 x 6 = ____	6 x 12 = ____	6 x 4 = ____	7 x 12 = ____	9 x 7 = ____	8 x 9 = ____
5 x 12 = ____	7 x 7 = ____	4 x 12 = ____	8 x 6 = ____	5 x 6 = ____	9 x 5 = ____

Reference Table

x	1	2	3	4	5	6	7	8	9	10	11	12
1	1	2	3	4	5	6	7	8	9	10	11	12
2	2	4	6	8	10	12	14	16	18	20	22	24
3	3	6	9	12	15	18	21	24	27	30	33	36
4	4	8	12	16	20	24	28	32	36	40	44	48
5	5	10	15	20	25	30	35	40	45	50	55	60
6	6	12	18	24	30	36	42	48	54	60	66	72
7	7	14	21	28	35	42	49	56	63	70	77	84
8	8	16	24	32	40	48	56	64	72	80	88	96
9	9	18	27	36	45	54	63	72	81	90	99	108
10	10	20	30	40	50	60	70	80	90	100	110	120
11	11	22	33	44	55	66	77	88	99	110	121	132
12	12	24	36	48	60	72	84	96	108	120	132	144

CHAPTER 14

Mixed Review: The Challenging Ones

LESSON 8

Time Taken: _______Minutes, and _______Seconds

4 x 9	7 x 6	6 x 8	7 x 4	4 x 9	12 x 4
9 x 8	7 x 12	5 x 4	6 x 7	8 x 4	8 x 12
7 x 12	12 x 9	4 x 8	9 x 4	8 x 9	7 x 6
9 x 7	8 x 8	7 x 5	9 x 12	8 x 5	6 x 7
8 x 12	9 x 4	8 x 9	12 x 4	6 x 8	8 x 6
7 x 6	5 x 12	8 x 7	4 x 6	9 x 4	6 x 6
9 x 12	9 x 8	8 x 8	12 x 7	6 x 12	12 x 5

ISBN: 978-0-9689408-4-6

CHAPTER 14

Mixed Review: The Challenging Ones

LESSON 9

Feel free to look up any answers in the Reference Table. That means "No Excuses" for wrong answers - 100% accuracy is expected. Your score is the "Time Taken" to complete all questions on these two pages. Challenge yourself. Do the questions quickly. Time yourself the first time, and then "Beat Your Best Time!" every time.

9 x 12 = ____ 7 x 5 = ____ 7 x 12 = ____ 9 x 6 = ____ 7 x 9 = ____ 9 x 8 = ____

12 x 6 = ____ 6 x 8 = ____ 12 x 9 = ____ 5 x 6 = ____ 9 x 6 = ____ 6 x 8 = ____

4 x 5 = ____ 9 x 4 = ____ 4 x 8 = ____ 12 x 9 = ____

12 x 7 = ____ 4 x 6 = ____ 9 x 8 = ____ 4 x 8 = ____

Reference Table

x	1	2	3	4	5	6	7	8	9	10	11	12
1	1	2	3	4	5	6	7	8	9	10	11	12
2	2	4	6	8	10	12	14	16	18	20	22	24
3	3	6	9	12	15	18	21	24	27	30	33	36
4	4	8	12	16	20	24	28	32	36	40	44	48
5	5	10	15	20	25	30	35	40	45	50	55	60
6	6	12	18	24	30	36	42	48	54	60	66	72
7	7	14	21	28	35	42	49	56	63	70	77	84
8	8	16	24	32	40	48	56	64	72	80	88	96
9	9	18	27	36	45	54	63	72	81	90	99	108
10	10	20	30	40	50	60	70	80	90	100	110	120
11	11	22	33	44	55	66	77	88	99	110	121	132
12	12	24	36	48	60	72	84	96	108	120	132	144

7 x 12 = ____ 8 x 7 = ____ 6 x 8 = ____ 9 x 8 = ____ 7 x 9 = ____ 12 x 5 = ____

12 x 7 = ____ 7 x 12 = ____ 9 x 4 = ____ 6 x 6 = ____ 8 x 6 = ____ 4 x 9 = ____

4 x 6 = ____ 9 x 7 = ____ 6 x 7 = ____ 7 x 5 = ____ 4 x 6 = ____ 9 x 6 = ____

CHAPTER 14

Mixed Review: The Challenging Ones

LESSON 9

Time Taken: _______Minutes, and _______Seconds

12 x 12	9 x 6	7 x 12	8 x 8	6 x 6	12 x 6
8 x 4	8 x 9	6 x 6	5 x 7	7 x 7	5 x 8
9 x 12	12 x 12	4 x 7	12 x 4	5 x 7	7 x 4
8 x 7	9 x 12	8 x 5	8 x 12	9 x 7	7 x 7
7 x 7	9 x 7	6 x 9	12 x 6	8 x 12	8 x 7
8 x 8	7 x 12	9 x 6	8 x 9	8 x 7	4 x 5
4 x 12	8 x 6	4 x 4	8 x 4	5 x 9	6 x 6

CHAPTER **14**

Mixed Review: The Challenging Ones

LESSON **10**

Feel free to look up any answers in the Reference Table. That means "No Excuses" for wrong answers - 100% accuracy is expected. Your score is the "Time Taken" to complete all questions on these two pages. Challenge yourself. Do the questions quickly. Time yourself the first time, and then "Beat Your Best Time!" every time.

7 x 12 = ____	7 x 4 = ____	4 x 9 = ____	9 x 4 = ____	6 x 7 = ____	12 x 8 = ____
12 x 8 = ____	4 x 4 = ____	4 x 4 = ____	7 x 9 = ____	12 x 7 = ____	6 x 9 = ____
7 x 12 = ____	12 x 9 = ____			6 x 8 = ____	9 x 7 = ____
7 x 6 = ____	7 x 7 = ____			9 x 4 = ____	4 x 7 = ____

Reference Table

x	1	2	3	4	5	6	7	8	9	10	11	12
1	1	2	3	4	5	6	7	8	9	10	11	12
2	2	4	6	8	10	12	14	16	18	20	22	24
3	3	6	9	12	15	18	21	24	27	30	33	36
4	4	8	12	16	20	24	28	32	36	40	44	48
5	5	10	15	20	25	30	35	40	45	50	55	60
6	6	12	18	24	30	36	42	48	54	60	66	72
7	7	14	21	28	35	42	49	56	63	70	77	84
8	8	16	24	32	40	48	56	64	72	80	88	96
9	9	18	27	36	45	54	63	72	81	90	99	108
10	10	20	30	40	50	60	70	80	90	100	110	120
11	11	22	33	44	55	66	77	88	99	110	121	132
12	12	24	36	48	60	72	84	96	108	120	132	144

7 x 12 = ____	7 x 5 = ____	4 x 7 = ____	9 x 8 = ____	9 x 12 = ____	9 x 7 = ____
6 x 4 = ____	8 x 9 = ____	6 x 4 = ____	7 x 12 = ____	9 x 7 = ____	6 x 9 = ____
5 x 7 = ____	9 x 8 = ____	6 x 8 = ____	9 x 8 = ____	4 x 4 = ____	12 x 8 = ____

CHAPTER 14

Mixed Review: The Challenging Ones

LESSON 10

Time Taken: _______Minutes, and _______Seconds

7 x 8 = ___	7 x 4 = ___	7 x 8 = ___	6 x 4 = ___	5 x 9 = ___	12 x 8 = ___
9 x 9 = ___	9 x 12 = ___	7 x 4 = ___	6 x 12 = ___	12 x 4 = ___	4 x 8 = ___
5 x 7 = ___	12 x 7 = ___	9 x 12 = ___	8 x 7 = ___	9 x 12 = ___	6 x 4 = ___
12 x 9 = ___	4 x 8 = ___	9 x 6 = ___	8 x 8 = ___	7 x 7 = ___	12 x 12 = ___
8 x 12 = ___	8 x 4 = ___	8 x 9 = ___	7 x 7 = ___	6 x 12 = ___	12 x 6 = ___
12 x 8 = ___	5 x 12 = ___	7 x 6 = ___	4 x 6 = ___	12 x 4 = ___	4 x 8 = ___
6 x 9 = ___	6 x 6 = ___	5 x 7 = ___	6 x 6 = ___	8 x 12 = ___	4 x 4 = ___

CHAPTER **15**

The Square Times Table

LESSON **1**

Feel free to look up any answers in the Reference Table. That means "No Excuses" for wrong answers - 100% accuracy is expected. Your score is the "Time Taken" to complete all questions on these two pages. Challenge yourself. Do the questions quickly. Time yourself the first time, and then "Beat Your Best Time!" every time.

10 x 10 ______	11 x 11 ______	8 x 8 ______	10 x 10 ______	10 x 10 ______	6 x 6 ______
11 x 11 ______	0 x 0 ______	5 x 5 ______	4 x 4 ______	5 x 5 ______	6 x 6 ______

12 x 12 ______	4 x 4 ______	10 x 10 ______	3 x 3 ______
11 x 11 ______	7 x 7 ______	6 x 6 ______	12 x 12 ______

Reference Table

x	1	2	3	4	5	6	7	8	9	10	11	12
1	1	2	3	4	5	6	7	8	9	10	11	12
2	2	4	6	8	10	12	14	16	18	20	22	24
3	3	6	9	12	15	18	21	24	27	30	33	36
4	4	8	12	16	20	24	28	32	36	40	44	48
5	5	10	15	20	25	30	35	40	45	50	55	60
6	6	12	18	24	30	36	42	48	54	60	66	72
7	7	14	21	28	35	42	49	56	63	70	77	84
8	8	16	24	32	40	48	56	64	72	80	88	96
9	9	18	27	36	45	54	63	72	81	90	99	108
10	10	20	30	40	50	60	70	80	90	100	110	120
11	11	22	33	44	55	66	77	88	99	110	121	132
12	12	24	36	48	60	72	84	96	108	120	132	144

5 x 5 ______	8 x 8 ______	3 x 3 ______	5 x 5 ______	12 x 12 ______	3 x 3 ______
8 x 8 ______	8 x 8 ______	5 x 5 ______	5 x 5 ______	12 x 12 ______	9 x 9 ______
6 x 6 ______	11 x 11 ______	3 x 3 ______	7 x 7 ______	8 x 8 ______	5 x 5 ______

CHAPTER 15

The Square Times Table

LESSON 1

Time Taken: _______Minutes, and _______Seconds

8 x 8 = ____	6 x 6 = ____	7 x 7 = ____	8 x 8 = ____	9 x 9 = ____	4 x 4 = ____
3 x 3 = ____	0 x 0 = ____	10 x 10 = ____	12 x 12 = ____	5 x 5 = ____	1 x 1 = ____
10 x 10 = ____	5 x 5 = ____	3 x 3 = ____	9 x 9 = ____	9 x 9 = ____	12 x 12 = ____
3 x 3 = ____	5 x 5 = ____	11 x 11 = ____	6 x 6 = ____	5 x 5 = ____	5 x 5 = ____
3 x 3 = ____	12 x 12 = ____	12 x 12 = ____	6 x 6 = ____	8 x 8 = ____	6 x 6 = ____
5 x 5 = ____	8 x 8 = ____	5 x 5 = ____	10 x 10 = ____	7 x 7 = ____	3 x 3 = ____
9 x 9 = ____	10 x 10 = ____	2 x 2 = ____	8 x 8 = ____	6 x 6 = ____	8 x 8 = ____

CHAPTER **15**

The Square Times Table

LESSON **2**

Feel free to look up any answers in the Reference Table. That means "No Excuses" for wrong answers - 100% accuracy is expected. Your score is the "Time Taken" to complete all questions on these two pages. Challenge yourself. Do the questions quickly. Time yourself the first time, and then "Beat Your Best Time!" every time.

5 x 5	5 x 5	3 x 3	8 x 8	1 x 1	11 x 11
5 x 5	0 x 0	6 x 6	10 x 10	11 x 11	2 x 2
3 x 3	9 x 9			7 x 7	8 x 8
8 x 8	3 x 3			12 x 12	6 x 6

Reference Table

x	1	2	3	4	5	6	7	8	9	10	11	12
1	1	2	3	4	5	6	7	8	9	10	11	12
2	2	4	6	8	10	12	14	16	18	20	22	24
3	3	6	9	12	15	18	21	24	27	30	33	36
4	4	8	12	16	20	24	28	32	36	40	44	48
5	5	10	15	20	25	30	35	40	45	50	55	60
6	6	12	18	24	30	36	42	48	54	60	66	72
7	7	14	21	28	35	42	49	56	63	70	77	84
8	8	16	24	32	40	48	56	64	72	80	88	96
9	9	18	27	36	45	54	63	72	81	90	99	108
10	10	20	30	40	50	60	70	80	90	100	110	120
11	11	22	33	44	55	66	77	88	99	110	121	132
12	12	24	36	48	60	72	84	96	108	120	132	144

7 x 7	9 x 9	5 x 5	11 x 11	3 x 3	10 x 10
7 x 7	11 x 11	4 x 4	6 x 6	8 x 8	5 x 5
4 x 4	10 x 10	3 x 3	5 x 5	6 x 6	4 x 4

CHAPTER 15

The Square Times Table

LESSON 2

Time Taken: _______Minutes, and _______Seconds

10 x 10 = ___	3 x 3 = ___	3 x 3 = ___	12 x 12 = ___	8 x 8 = ___	5 x 5 = ___
5 x 5 = ___	1 x 1 = ___	6 x 6 = ___	8 x 8 = ___	3 x 3 = ___	2 x 2 = ___
11 x 11 = ___	3 x 3 = ___	9 x 9 = ___	10 x 10 = ___	9 x 9 = ___	4 x 4 = ___
5 x 5 = ___	10 x 10 = ___	6 x 6 = ___	10 x 10 = ___	6 x 6 = ___	3 x 3 = ___
11 x 11 = ___	7 x 7 = ___	10 x 10 = ___	5 x 5 = ___	4 x 4 = ___	5 x 5 = ___
7 x 7 = ___	3 x 3 = ___	11 x 11 = ___	5 x 5 = ___	3 x 3 = ___	6 x 6 = ___
7 x 7 = ___	5 x 5 = ___	2 x 2 = ___	7 x 7 = ___	11 x 11 = ___	12 x 12 = ___

CHAPTER 15

LESSON 3

The Square Times Table

Feel free to look up any answers in the Reference Table. That means "No Excuses" for wrong answers - 100% accuracy is expected. Your score is the "Time Taken" to complete all questions on these two pages. Challenge yourself. Do the questions quickly. Time yourself the first time, and then "Beat Your Best Time!" every time.

12 x 12 = ____	6 x 6 = ____	6 x 6 = ____	5 x 5 = ____	7 x 7 = ____	4 x 4 = ____
5 x 5 = ____	2 x 2 = ____	11 x 11 = ____	3 x 3 = ____	7 x 7 = ____	7 x 7 = ____
8 x 8 = ____	4 x 4 = ____			7 x 7 = ____	7 x 7 = ____
10 x 10 = ____	11 x 11 = ____			1 x 1 = ____	10 x 10 = ____

Reference Table

x	1	2	3	4	5	6	7	8	9	10	11	12
1	1	2	3	4	5	6	7	8	9	10	11	12
2	2	4	6	8	10	12	14	16	18	20	22	24
3	3	6	9	12	15	18	21	24	27	30	33	36
4	4	8	12	16	20	24	28	32	36	40	44	48
5	5	10	15	20	25	30	35	40	45	50	55	60
6	6	12	18	24	30	36	42	48	54	60	66	72
7	7	14	21	28	35	42	49	56	63	70	77	84
8	8	16	24	32	40	48	56	64	72	80	88	96
9	9	18	27	36	45	54	63	72	81	90	99	108
10	10	20	30	40	50	60	70	80	90	100	110	120
11	11	22	33	44	55	66	77	88	99	110	121	132
12	12	24	36	48	60	72	84	96	108	120	132	144

12 x 12 = ____	5 x 5 = ____	4 x 4 = ____	9 x 9 = ____	9 x 9 = ____	10 x 10 = ____
12 x 12 = ____	3 x 3 = ____	5 x 5 = ____	11 x 11 = ____	6 x 6 = ____	12 x 12 = ____
12 x 12 = ____	9 x 9 = ____	3 x 3 = ____	4 x 4 = ____	9 x 9 = ____	12 x 12 = ____

CHAPTER **15**

The Square Times Table

LESSON **3**

Time Taken: _______Minutes, and _______Seconds

9 x 9 = ____	7 x 7 = ____	6 x 6 = ____	3 x 3 = ____	12 x 12 = ____	12 x 12 = ____
10 x 10 = ____	0 x 0 = ____	9 x 9 = ____	3 x 3 = ____	9 x 9 = ____	5 x 5 = ____
9 x 9 = ____	9 x 9 = ____	5 x 5 = ____	12 x 12 = ____	9 x 9 = ____	4 x 4 = ____
7 x 7 = ____	5 x 5 = ____	10 x 10 = ____	3 x 3 = ____	6 x 6 = ____	3 x 3 = ____
10 x 10 = ____	9 x 9 = ____	6 x 6 = ____	5 x 5 = ____	3 x 3 = ____	4 x 4 = ____
12 x 12 = ____	11 x 11 = ____	11 x 11 = ____	4 x 4 = ____	3 x 3 = ____	4 x 4 = ____
4 x 4 = ____	10 x 10 = ____	2 x 2 = ____	6 x 6 = ____	6 x 6 = ____	11 x 11 = ____

CHAPTER 15

The Square Times Table

LESSON 4

Feel free to look up any answers in the Reference Table. That means "No Excuses" for wrong answers - 100% accuracy is expected. Your score is the "Time Taken" to complete all questions on these two pages. Challenge yourself. Do the questions quickly. Time yourself the first time, and then "Beat Your Best Time!" every time.

10 x 10 = ____	10 x 10 = ____	11 x 11 = ____	5 x 5 = ____	1 x 1 = ____	10 x 10 = ____
4 x 4 = ____	3 x 3 = ____	3 x 3 = ____	5 x 5 = ____	4 x 4 = ____	6 x 6 = ____
3 x 3 = ____	5 x 5 = ____			11 x 11 = ____	7 x 7 = ____
9 x 9 = ____	3 x 3 = ____			2 x 2 = ____	11 x 11 = ____
5 x 5 = ____	4 x 4 = ____	3 x 3 = ____	3 x 3 = ____	5 x 5 = ____	5 x 5 = ____
7 x 7 = ____	12 x 12 = ____	12 x 12 = ____	4 x 4 = ____	10 x 10 = ____	3 x 3 = ____
9 x 9 = ____	10 x 10 = ____	3 x 3 = ____	7 x 7 = ____	10 x 10 = ____	6 x 6 = ____

Reference Table

x	1	2	3	4	5	6	7	8	9	10	11	12
1	1	2	3	4	5	6	7	8	9	10	11	12
2	2	4	6	8	10	12	14	16	18	20	22	24
3	3	6	9	12	15	18	21	24	27	30	33	36
4	4	8	12	16	20	24	28	32	36	40	44	48
5	5	10	15	20	25	30	35	40	45	50	55	60
6	6	12	18	24	30	36	42	48	54	60	66	72
7	7	14	21	28	35	42	49	56	63	70	77	84
8	8	16	24	32	40	48	56	64	72	80	88	96
9	9	18	27	36	45	54	63	72	81	90	99	108
10	10	20	30	40	50	60	70	80	90	100	110	120
11	11	22	33	44	55	66	77	88	99	110	121	132
12	12	24	36	48	60	72	84	96	108	120	132	144

CHAPTER 15

The Square Times Table

LESSON 4

Time Taken: _______Minutes, and _______Seconds

8 x 8	6 x 6	7 x 7	5 x 5	6 x 6	7 x 7
8 x 8	0 x 0	12 x 12	6 x 6	11 x 11	12 x 12
4 x 4	12 x 12	8 x 8	3 x 3	4 x 4	4 x 4
12 x 12	3 x 3	12 x 12	11 x 11	9 x 9	9 x 9
11 x 11	10 x 10	8 x 8	5 x 5	3 x 3	9 x 9
5 x 5	9 x 9	6 x 6	3 x 3	8 x 8	7 x 7
4 x 4	6 x 6	0 x 0	9 x 9	3 x 3	6 x 6

CHAPTER **15**

The Square Times Table

LESSON **5**

Feel free to look up any answers in the Reference Table. That means "No Excuses" for wrong answers - 100% accuracy is expected. Your score is the "Time Taken" to complete all questions on these two pages. Challenge yourself. Do the questions quickly. Time yourself the first time, and then "Beat Your Best Time!" every time.

6 x 6 = ____	8 x 8 = ____	4 x 4 = ____	4 x 4 = ____	8 x 8 = ____	7 x 7 = ____
5 x 5 = ____	3 x 3 = ____	4 x 4 = ____	10 x 10 = ____	11 x 11 = ____	11 x 11 = ____
3 x 3 = ____	8 x 8 = ____			10 x 10 = ____	4 x 4 = ____
12 x 12 = ____	7 x 7 = ____			4 x 4 = ____	11 x 11 = ____
10 x 10 = ____	11 x 11 = ____	9 x 9 = ____	12 x 12 = ____	5 x 5 = ____	12 x 12 = ____
3 x 3 = ____	11 x 11 = ____	4 x 4 = ____	2 x 2 = ____	10 x 10 = ____	10 x 10 = ____
4 x 4 = ____	4 x 4 = ____	0 x 0 = ____	9 x 9 = ____	11 x 11 = ____	4 x 4 = ____

Reference Table

x	1	2	3	4	5	6	7	8	9	10	11	12
1	1	2	3	4	5	6	7	8	9	10	11	12
2	2	4	6	8	10	12	14	16	18	20	22	24
3	3	6	9	12	15	18	21	24	27	30	33	36
4	4	8	12	16	20	24	28	32	36	40	44	48
5	5	10	15	20	25	30	35	40	45	50	55	60
6	6	12	18	24	30	36	42	48	54	60	66	72
7	7	14	21	28	35	42	49	56	63	70	77	84
8	8	16	24	32	40	48	56	64	72	80	88	96
9	9	18	27	36	45	54	63	72	81	90	99	108
10	10	20	30	40	50	60	70	80	90	100	110	120
11	11	22	33	44	55	66	77	88	99	110	121	132
12	12	24	36	48	60	72	84	96	108	120	132	144

CHAPTER 15

The Square Times Table

LESSON 5

Time Taken: _______Minutes, and _______Seconds

6 x 6	9 x 9	7 x 7	8 x 8	11 x 11	11 x 11
6 x 6	0 x 0	9 x 9	3 x 3	11 x 11	7 x 7
3 x 3	9 x 9	10 x 10	7 x 7	4 x 4	11 x 11
5 x 5	11 x 11	10 x 10	12 x 12	7 x 7	8 x 8
10 x 10	11 x 11	10 x 10	9 x 9	6 x 6	4 x 4
3 x 3	4 x 4	3 x 3	4 x 4	11 x 11	12 x 12
12 x 12	10 x 10	3 x 3	7 x 7	8 x 8	10 x 10

ISBN: 978-0-9689408-4-6

CHAPTER 16

Final Review: Times 0 to 12

LESSON 1

Feel free to look up any answers in the Reference Table. That means "No Excuses" for wrong answers - 100% accuracy is expected. Your score is the "Time Taken" to complete all questions on these two pages. Challenge yourself. Do the questions quickly. Time yourself the first time, and then "Beat Your Best Time!" every time.

7 x 12 = ____	9 x 7 = ____	5 x 7 = ____	12 x 10 = ____	9 x 12 = ____	7 x 6 = ____
8 x 4 = ____	7 x 8 = ____	9 x 4 = ____	2 x 9 = ____	7 x 6 = ____	1 x 7 = ____
8 x 9 = ____	6 x 6 = ____			4 x 7 = ____	8 x 4 = ____
8 x 1 = ____	4 x 12 = ____			5 x 5 = ____	9 x 9 = ____
7 x 11 = ____	9 x 5 = ____	6 x 7 = ____	9 x 7 = ____	5 x 8 = ____	12 x 7 = ____
10 x 8 = ____	6 x 12 = ____	8 x 8 = ____	4 x 12 = ____	5 x 4 = ____	3 x 9 = ____
3 x 9 = ____	12 x 12 = ____	7 x 9 = ____	12 x 5 = ____	4 x 5 = ____	7 x 7 = ____

Reference Table

X	1	2	3	4	5	6	7	8	9	10	11	12
1	1	2	3	4	5	6	7	8	9	10	11	12
2	2	4	6	8	10	12	14	16	18	20	22	24
3	3	6	9	12	15	18	21	24	27	30	33	36
4	4	8	12	16	20	24	28	32	36	40	44	48
5	5	10	15	20	25	30	35	40	45	50	55	60
6	6	12	18	24	30	36	42	48	54	60	66	72
7	7	14	21	28	35	42	49	56	63	70	77	84
8	8	16	24	32	40	48	56	64	72	80	88	96
9	9	18	27	36	45	54	63	72	81	90	99	108
10	10	20	30	40	50	60	70	80	90	100	110	120
11	11	22	33	44	55	66	77	88	99	110	121	132
12	12	24	36	48	60	72	84	96	108	120	132	144

CHAPTER **16**

Final Review: Times 0 to 12

LESSON **1**

Time Taken: _______Minutes, and _______Seconds

4 x 7 = ____	8 x 8 = ____	9 x 12 = ____	6 x 1 = ____	4 x 9 = ____	12 x 4 = ____
8 x 6 = ____	9 x 12 = ____	12 x 7 = ____	2 x 12 = ____	8 x 5 = ____	4 x 10 = ____
5 x 8 = ____	9 x 4 = ____	5 x 12 = ____	12 x 4 = ____	9 x 12 = ____	9 x 8 = ____
12 x 0 = ____	5 x 7 = ____	5 x 4 = ____	9 x 12 = ____	12 x 9 = ____	5 x 9 = ____
3 x 4 = ____	5 x 4 = ____	5 x 7 = ____	9 x 7 = ____	6 x 12 = ____	12 x 7 = ____
6 x 1 = ____	4 x 9 = ____	6 x 4 = ____	5 x 6 = ____	6 x 4 = ____	6 x 11 = ____
6 x 11 = ____	5 x 4 = ____	5 x 6 = ____	12 x 9 = ____	4 x 12 = ____	12 x 9 = ____

ISBN: 978-0-9689408-4-6

CHAPTER **16**

Final Review: Times 0 to 12

LESSON **2**

Feel free to look up any answers in the Reference Table. That means "No Excuses" for wrong answers - 100% accuracy is expected. Your score is the "Time Taken" to complete all questions on these two pages. Challenge yourself. Do the questions quickly. Time yourself the first time, and then "Beat Your Best Time!" every time.

4 x 9 = ____	7 x 4 = ____	4 x 4 = ____	6 x 1 = ____	5 x 12 = ____	8 x 7 = ____
6 x 6 = ____	9 x 9 = ____	9 x 5 = ____	7 x 11 = ____	9 x 8 = ____	0 x 5 = ____
4 x 5 = ____	9 x 9 = ____			7 x 7 = ____	8 x 4 = ____
4 x 0 = ____	6 x 6 = ____			7 x 5 = ____	4 x 7 = ____
2 x 12 = ____	8 x 7 = ____	6 x 9 = ____	12 x 7 = ____	4 x 4 = ____	5 x 5 = ____
10 x 9 = ____	6 x 6 = ____	12 x 12 = ____	4 x 9 = ____	9 x 5 = ____	2 x 6 = ____
6 x 11 = ____	12 x 4 = ____	5 x 9 = ____	6 x 6 = ____	7 x 9 = ____	12 x 5 = ____

Reference Table

x	1	2	3	4	5	6	7	8	9	10	11	12
1	1	2	3	4	5	6	7	8	9	10	11	12
2	2	4	6	8	10	12	14	16	18	20	22	24
3	3	6	9	12	15	18	21	24	27	30	33	36
4	4	8	12	16	20	24	28	32	36	40	44	48
5	5	10	15	20	25	30	35	40	45	50	55	60
6	6	12	18	24	30	36	42	48	54	60	66	72
7	7	14	21	28	35	42	49	56	63	70	77	84
8	8	16	24	32	40	48	56	64	72	80	88	96
9	9	18	27	36	45	54	63	72	81	90	99	108
10	10	20	30	40	50	60	70	80	90	100	110	120
11	11	22	33	44	55	66	77	88	99	110	121	132
12	12	24	36	48	60	72	84	96	108	120	132	144

CHAPTER 16

Final Review: Times 0 to 12

LESSON 2

Time Taken: _______Minutes, and _______Seconds

4 x 9	12 x 8	7 x 9	10 x 8	4 x 5	8 x 5
9 x 8	6 x 6	12 x 5	4 x 11	9 x 8	6 x 10
4 x 5	7 x 6	4 x 7	9 x 5	8 x 12	8 x 6
12 x 10	9 x 12	12 x 7	8 x 9	6 x 4	5 x 7
7 x 11	9 x 9	6 x 9	7 x 6	6 x 12	12 x 4
10 x 8	4 x 12	8 x 7	5 x 12	9 x 4	3 x 8
2 x 7	12 x 6	7 x 9	12 x 12	7 x 12	8 x 7

CHAPTER **16**

Final Review: Times 0 to 12

LESSON **3**

Feel free to look up any answers in the Reference Table. That means "No Excuses" for wrong answers - 100% accuracy is expected. Your score is the "Time Taken" to complete all questions on these two pages. Challenge yourself. Do the questions quickly. Time yourself the first time, and then "Beat Your Best Time!" every time.

4 x 8 = ____	8 x 6 = ____	4 x 7 = ____	12 x 1 = ____	6 x 8 = ____	6 x 4 = ____
7 x 4 = ____	7 x 9 = ____	8 x 6 = ____	3 x 7 = ____	6 x 4 = ____	1 x 8 = ____
7 x 12 = ____	8 x 4 = ____			4 x 12 = ____	8 x 5 = ____
10 x 7 = ____	7 x 8 = ____			6 x 4 = ____	4 x 7 = ____

Reference Table

x	1	2	3	4	5	6	7	8	9	10	11	12
1	1	2	3	4	5	6	7	8	9	10	11	12
2	2	4	6	8	10	12	14	16	18	20	22	24
3	3	6	9	12	15	18	21	24	27	30	33	36
4	4	8	12	16	20	24	28	32	36	40	44	48
5	5	10	15	20	25	30	35	40	45	50	55	60
6	6	12	18	24	30	36	42	48	54	60	66	72
7	7	14	21	28	35	42	49	56	63	70	77	84
8	8	16	24	32	40	48	56	64	72	80	88	96
9	9	18	27	36	45	54	63	72	81	90	99	108
10	10	20	30	40	50	60	70	80	90	100	110	120
11	11	22	33	44	55	66	77	88	99	110	121	132
12	12	24	36	48	60	72	84	96	108	120	132	144

3 x 5 = ____	5 x 4 = ____	5 x 6 = ____	8 x 6 = ____	6 x 7 = ____	12 x 4 = ____
6 x 1 = ____	7 x 12 = ____	12 x 7 = ____	6 x 7 = ____	8 x 6 = ____	2 x 6 = ____
3 x 5 = ____	12 x 8 = ____	12 x 12 = ____	6 x 5 = ____	7 x 9 = ____	12 x 6 = ____

ISBN: 978-0-9689408-4-6

CHAPTER 16

Final Review: Times 0 to 12

LESSON 3

Time Taken: _______Minutes, and _______Seconds

12 x 12	6 x 6	5 x 6	5 x 1	7 x 8	9 x 6
9 x 5	8 x 9	6 x 5	3 x 6	8 x 5	10 x 12
6 x 7	12 x 7	6 x 9	9 x 8	4 x 7	12 x 8
12 x 10	5 x 7	7 x 6	4 x 9	6 x 4	7 x 8
9 x 11	12 x 9	8 x 12	7 x 4	8 x 9	7 x 5
10 x 9	4 x 12	8 x 6	5 x 9	8 x 5	3 x 12
7 x 11	8 x 4	7 x 12	9 x 5	7 x 12	8 x 4

CHAPTER **16**

Final Review: Times 0 to 12

LESSON **4**

Feel free to look up any answers in the Reference Table. That means "No Excuses" for wrong answers - 100% accuracy is expected. Your score is the "Time Taken" to complete all questions on these two pages. Challenge yourself. Do the questions quickly. Time yourself the first time, and then "Beat Your Best Time!" every time.

6	8	8	4	4	12
x 6	x 6	x 8	x 1	x 7	x 5
____	____	____	____	____	____
7	6	12	11	9	0
x 6	x 8	x 6	x 12	x 8	x 12
____	____	____	____	____	____

5	7	5	9
x 12	x 5	x 6	x 5
____	____	____	____
8	5	7	7
x 1	x 8	x 6	x 9
____	____	____	____

Reference Table

x	1	2	3	4	5	6	7	8	9	10	11	12
1	1	2	3	4	5	6	7	8	9	10	11	12
2	2	4	6	8	10	12	14	16	18	20	22	24
3	3	6	9	12	15	18	21	24	27	30	33	36
4	4	8	12	16	20	24	28	32	36	40	44	48
5	5	10	15	20	25	30	35	40	45	50	55	60
6	6	12	18	24	30	36	42	48	54	60	66	72
7	7	14	21	28	35	42	49	56	63	70	77	84
8	8	16	24	32	40	48	56	64	72	80	88	96
9	9	18	27	36	45	54	63	72	81	90	99	108
10	10	20	30	40	50	60	70	80	90	100	110	120
11	11	22	33	44	55	66	77	88	99	110	121	132
12	12	24	36	48	60	72	84	96	108	120	132	144

3	6	7	7	5	5
x 12	x 4	x 8	x 4	x 12	x 4
____	____	____	____	____	____
7	4	9	4	8	2
x 0	x 7	x 6	x 7	x 4	x 12
____	____	____	____	____	____
8	12	8	9	8	12
x 11	x 7	x 9	x 7	x 8	x 4
____	____	____	____	____	____

CHAPTER 16

Final Review: Times 0 to 12

LESSON 4

Time Taken: _______Minutes, and _______Seconds

5 x 7 = ___	9 x 8 = ___	4 x 6 = ___	10 x 4 = ___	6 x 7 = ___	9 x 7 = ___
8 x 6 = ___	6 x 9 = ___	7 x 4 = ___	3 x 5 = ___	8 x 7 = ___	1 x 4 = ___
12 x 12 = ___	12 x 9 = ___	5 x 7 = ___	7 x 4 = ___	4 x 7 = ___	9 x 7 = ___
9 x 1 = ___	5 x 5 = ___	7 x 7 = ___	8 x 9 = ___	8 x 5 = ___	8 x 9 = ___
3 x 6 = ___	7 x 7 = ___	6 x 9 = ___	9 x 4 = ___	6 x 7 = ___	5 x 5 = ___
10 x 4 = ___	7 x 8 = ___	5 x 4 = ___	6 x 6 = ___	7 x 6 = ___	2 x 8 = ___
6 x 11 = ___	9 x 6 = ___	4 x 6 = ___	6 x 4 = ___	9 x 9 = ___	5 x 4 = ___

CHAPTER **16**

Final Review: Times 0 to 12

LESSON **5**

Feel free to look up any answers in the Reference Table. That means "No Excuses" for wrong answers - 100% accuracy is expected. Your score is the "Time Taken" to complete all questions on these two pages. Challenge yourself. Do the questions quickly. Time yourself the first time, and then "Beat Your Best Time!" every time.

6 x 9 = ____ 9 x 9 = ____ 5 x 12 = ____ 12 x 10 = ____ 4 x 8 = ____ 5 x 5 = ____

7 x 5 = ____ 4 x 6 = ____ 9 x 9 = ____ 2 x 9 = ____ 9 x 8 = ____ 0 x 12 = ____

6 x 8 = ____ 6 x 4 = ____ 6 x 8 = ____ 5 x 4 = ____

4 x 1 = ____ 5 x 8 = ____ 12 x 6 = ____ 5 x 12 = ____

Reference Table

x	1	2	3	4	5	6	7	8	9	10	11	12
1	1	2	3	4	5	6	7	8	9	10	11	12
2	2	4	6	8	10	12	14	16	18	20	22	24
3	3	6	9	12	15	18	21	24	27	30	33	36
4	4	8	12	16	20	24	28	32	36	40	44	48
5	5	10	15	20	25	30	35	40	45	50	55	60
6	6	12	18	24	30	36	42	48	54	60	66	72
7	7	14	21	28	35	42	49	56	63	70	77	84
8	8	16	24	32	40	48	56	64	72	80	88	96
9	9	18	27	36	45	54	63	72	81	90	99	108
10	10	20	30	40	50	60	70	80	90	100	110	120
11	11	22	33	44	55	66	77	88	99	110	121	132
12	12	24	36	48	60	72	84	96	108	120	132	144

2 x 9 = ____ 7 x 4 = ____ 4 x 9 = ____ 9 x 8 = ____ 6 x 12 = ____ 12 x 12 = ____

10 x 8 = ____ 7 x 7 = ____ 9 x 6 = ____ 6 x 7 = ____ 9 x 8 = ____ 3 x 4 = ____

3 x 4 = ____ 12 x 12 = ____ 4 x 7 = ____ 8 x 4 = ____ 4 x 9 = ____ 9 x 4 = ____

Final Review: Times 0 to 12

Time Taken: ______Minutes, and ______Seconds

9 x 12	6 x 4	7 x 9	9 x 1	4 x 12	9 x 5
9 x 7	6 x 8	8 x 4	2 x 6	7 x 6	0 x 9
7 x 7	12 x 8	4 x 8	6 x 6	5 x 9	4 x 4
7 x 1	4 x 8	12 x 7	4 x 5	12 x 4	4 x 6
2 x 6	8 x 7	8 x 9	9 x 8	5 x 12	6 x 5
5 x 1	7 x 12	9 x 6	6 x 12	7 x 4	3 x 12
3 x 9	12 x 6	6 x 7	9 x 5	8 x 12	7 x 5

Final Review: Times 0 to 12

Feel free to look up any answers in the Reference Table. That means "No Excuses" for wrong answers - 100% accuracy is expected. Your score is the "Time Taken" to complete all questions on these two pages. Challenge yourself. Do the questions quickly. Time yourself the first time, and then "Beat Your Best Time!" every time.

5 x 12 = ____	7 x 5 = ____	7 x 12 = ____	7 x 0 = ____	4 x 5 = ____	7 x 5 = ____
9 x 9 = ____	6 x 9 = ____	4 x 4 = ____	8 x 11 = ____	8 x 7 = ____	1 x 9 = ____

4 x 7 = ____	6 x 4 = ____	4 x 9 = ____	12 x 7 = ____
10 x 9 = ____	8 x 8 = ____	7 x 6 = ____	5 x 12 = ____

Reference Table

x	1	2	3	4	5	6	7	8	9	10	11	12
1	1	2	3	4	5	6	7	8	9	10	11	12
2	2	4	6	8	10	12	14	16	18	20	22	24
3	3	6	9	12	15	18	21	24	27	30	33	36
4	4	8	12	16	20	24	28	32	36	40	44	48
5	5	10	15	20	25	30	35	40	45	50	55	60
6	6	12	18	24	30	36	42	48	54	60	66	72
7	7	14	21	28	35	42	49	56	63	70	77	84
8	8	16	24	32	40	48	56	64	72	80	88	96
9	9	18	27	36	45	54	63	72	81	90	99	108
10	10	20	30	40	50	60	70	80	90	100	110	120
11	11	22	33	44	55	66	77	88	99	110	121	132
12	12	24	36	48	60	72	84	96	108	120	132	144

3 x 8 = ____	9 x 5 = ____	6 x 9 = ____	8 x 7 = ____	4 x 7 = ____	8 x 4 = ____
10 x 9 = ____	4 x 6 = ____	12 x 6 = ____	5 x 12 = ____	9 x 8 = ____	3 x 5 = ____
2 x 9 = ____	12 x 5 = ____	4 x 4 = ____	9 x 6 = ____	5 x 9 = ____	9 x 5 = ____

CHAPTER 16

Final Review: Times 0 to 12

LESSON 6

Time Taken: _______Minutes, and _______Seconds

6 x 8	9 x 6	4 x 6	12 x 0	5 x 12	9 x 8
5 x 4	5 x 7	9 x 4	4 x 11	12 x 6	1 x 9
6 x 8	12 x 6	6 x 9	12 x 5	12 x 12	12 x 12
4 x 1	9 x 12	9 x 5	4 x 7	9 x 6	6 x 8
6 x 11	12 x 7	4 x 5	7 x 6	5 x 6	4 x 4
12 x 10	4 x 6	12 x 4	7 x 8	9 x 6	2 x 4
3 x 8	8 x 4	5 x 6	7 x 5	7 x 8	9 x 4

CHAPTER 16

Final Review: Times 0 to 12

LESSON 7

Feel free to look up any answers in the Reference Table. That means "No Excuses" for wrong answers - 100% accuracy is expected. Your score is the "Time Taken" to complete all questions on these two pages. Challenge yourself. Do the questions quickly. Time yourself the first time, and then "Beat Your Best Time!" every time.

6 x 6 = ____	8 x 4 = ____	5 x 6 = ____	12 x 0 = ____	6 x 9 = ____	7 x 4 = ____
6 x 6 = ____	4 x 8 = ____	9 x 8 = ____	5 x 11 = ____	7 x 5 = ____	0 x 4 = ____
4 x 5 = ____	7 x 5 = ____			5 x 5 = ____	8 x 8 = ____
10 x 7 = ____	4 x 9 = ____			7 x 4 = ____	8 x 9 = ____

Reference Table

x	1	2	3	4	5	6	7	8	9	10	11	12
1	1	2	3	4	5	6	7	8	9	10	11	12
2	2	4	6	8	10	12	14	16	18	20	22	24
3	3	6	9	12	15	18	21	24	27	30	33	36
4	4	8	12	16	20	24	28	32	36	40	44	48
5	5	10	15	20	25	30	35	40	45	50	55	60
6	6	12	18	24	30	36	42	48	54	60	66	72
7	7	14	21	28	35	42	49	56	63	70	77	84
8	8	16	24	32	40	48	56	64	72	80	88	96
9	9	18	27	36	45	54	63	72	81	90	99	108
10	10	20	30	40	50	60	70	80	90	100	110	120
11	11	22	33	44	55	66	77	88	99	110	121	132
12	12	24	36	48	60	72	84	96	108	120	132	144

3 x 8 = ____	12 x 4 = ____	5 x 9 = ____	7 x 6 = ____	8 x 9 = ____	12 x 7 = ____
12 x 10 = ____	7 x 8 = ____	12 x 8 = ____	7 x 9 = ____	5 x 4 = ____	2 x 9 = ____
11 x 12 = ____	4 x 4 = ____	4 x 9 = ____	5 x 4 = ____	4 x 9 = ____	12 x 7 = ____

CHAPTER 16

Final Review: Times 0 to 12

LESSON 7

Time Taken: _______Minutes, and _______Seconds

5 x 9 = ___	12 x 8 = ___	4 x 6 = ___	5 x 1 = ___	5 x 8 = ___	8 x 7 = ___
6 x 5 = ___	4 x 6 = ___	8 x 5 = ___	2 x 9 = ___	8 x 8 = ___	1 x 12 = ___
6 x 6 = ___	9 x 6 = ___	4 x 5 = ___	4 x 4 = ___	4 x 9 = ___	5 x 4 = ___
6 x 1 = ___	9 x 9 = ___	12 x 9 = ___	5 x 8 = ___	7 x 4 = ___	7 x 9 = ___
11 x 12 = ___	9 x 8 = ___	5 x 6 = ___	9 x 4 = ___	5 x 8 = ___	12 x 5 = ___
10 x 9 = ___	5 x 9 = ___	5 x 4 = ___	4 x 4 = ___	6 x 5 = ___	2 x 7 = ___
2 x 4 = ___	4 x 4 = ___	8 x 12 = ___	6 x 4 = ___	8 x 12 = ___	12 x 5 = ___

CHAPTER 16

Final Review: Times 0 to 12

LESSON 8

Feel free to look up any answers in the Reference Table. That means "No Excuses" for wrong answers - 100% accuracy is expected. Your score is the "Time Taken" to complete all questions on these two pages. Challenge yourself. Do the questions quickly. Time yourself the first time, and then "Beat Your Best Time!" every time.

7 x 9 = ____ 7 x 4 = ____ 4 x 9 = ____ 10 x 9 = ____ 4 x 12 = ____ 9 x 4 = ____

12 x 6 = ____ 8 x 9 = ____ 9 x 8 = ____ 3 x 7 = ____ 9 x 4 = ____ 4 x 10 = ____

6 x 8 = ____ 5 x 4 = ____ 4 x 12 = ____ 6 x 4 = ____

9 x 1 = ____ 4 x 5 = ____ 5 x 5 = ____ 7 x 8 = ____

Reference Table

x	1	2	3	4	5	6	7	8	9	10	11	12
1	1	2	3	4	5	6	7	8	9	10	11	12
2	2	4	6	8	10	12	14	16	18	20	22	24
3	3	6	9	12	15	18	21	24	27	30	33	36
4	4	8	12	16	20	24	28	32	36	40	44	48
5	5	10	15	20	25	30	35	40	45	50	55	60
6	6	12	18	24	30	36	42	48	54	60	66	72
7	7	14	21	28	35	42	49	56	63	70	77	84
8	8	16	24	32	40	48	56	64	72	80	88	96
9	9	18	27	36	45	54	63	72	81	90	99	108
10	10	20	30	40	50	60	70	80	90	100	110	120
11	11	22	33	44	55	66	77	88	99	110	121	132
12	12	24	36	48	60	72	84	96	108	120	132	144

2 x 7 = ____ 9 x 6 = ____ 5 x 6 = ____ 12 x 6 = ____ 6 x 9 = ____ 9 x 5 = ____

5 x 0 = ____ 5 x 7 = ____ 9 x 4 = ____ 4 x 12 = ____ 7 x 7 = ____ 2 x 12 = ____

8 x 11 = ____ 4 x 4 = ____ 5 x 6 = ____ 9 x 6 = ____ 12 x 12 = ____ 5 x 4 = ____

CHAPTER 16

Final Review: Times 0 to 12

LESSON 8

Time Taken: _______Minutes, and _______Seconds

4 x 5 = ____	6 x 4 = ____	4 x 6 = ____	5 x 1 = ____	6 x 12 = ____	6 x 6 = ____
8 x 4 = ____	7 x 12 = ____	12 x 8 = ____	3 x 6 = ____	12 x 6 = ____	10 x 12 = ____
4 x 4 = ____	9 x 8 = ____	5 x 9 = ____	8 x 6 = ____	4 x 8 = ____	12 x 9 = ____
5 x 0 = ____	6 x 9 = ____	7 x 6 = ____	7 x 9 = ____	8 x 8 = ____	4 x 12 = ____
3 x 8 = ____	12 x 6 = ____	4 x 6 = ____	8 x 7 = ____	4 x 6 = ____	7 x 4 = ____
12 x 10 = ____	6 x 12 = ____	6 x 6 = ____	6 x 6 = ____	7 x 7 = ____	3 x 6 = ____
2 x 7 = ____	9 x 8 = ____	6 x 7 = ____	12 x 7 = ____	5 x 12 = ____	7 x 6 = ____

CHAPTER 16

Final Review: Times 0 to 12

LESSON 9

Feel free to look up any answers in the Reference Table. That means "No Excuses" for wrong answers - 100% accuracy is expected. Your score is the "Time Taken" to complete all questions on these two pages. Challenge yourself. Do the questions quickly. Time yourself the first time, and then "Beat Your Best Time!" every time.

8 x 9 ____ | 7 x 6 ____ | 5 x 12 ____ | 6 x 0 ____ | 4 x 4 ____ | 8 x 8 ____

5 x 5 ____ | 4 x 7 ____ | 4 x 4 ____ | 3 x 5 ____ | 9 x 4 ____ | 1 x 8 ____

7 x 12 ____ | 8 x 8 ____ | 7 x 7 ____ | 12 x 6 ____

10 x 8 ____ | 8 x 9 ____ | 7 x 5 ____ | 8 x 9 ____

Reference Table

x	1	2	3	4	5	6	7	8	9	10	11	12
1	1	2	3	4	5	6	7	8	9	10	11	12
2	2	4	6	8	10	12	14	16	18	20	22	24
3	3	6	9	12	15	18	21	24	27	30	33	36
4	4	8	12	16	20	24	28	32	36	40	44	48
5	5	10	15	20	25	30	35	40	45	50	55	60
6	6	12	18	24	30	36	42	48	54	60	66	72
7	7	14	21	28	35	42	49	56	63	70	77	84
8	8	16	24	32	40	48	56	64	72	80	88	96
9	9	18	27	36	45	54	63	72	81	90	99	108
10	10	20	30	40	50	60	70	80	90	100	110	120
11	11	22	33	44	55	66	77	88	99	110	121	132
12	12	24	36	48	60	72	84	96	108	120	132	144

3 x 5 ____ | 9 x 4 ____ | 4 x 6 ____ | 8 x 6 ____ | 6 x 7 ____ | 6 x 4 ____

10 x 4 ____ | 4 x 5 ____ | 12 x 8 ____ | 6 x 8 ____ | 9 x 9 ____ | 4 x 11 ____

2 x 5 ____ | 9 x 4 ____ | 4 x 8 ____ | 9 x 6 ____ | 8 x 12 ____ | 8 x 4 ____

ISBN: 978-0-9689408-4-6

CHAPTER 16

Final Review: Times 0 to 12

LESSON 9

Time Taken: _______Minutes, and _______Seconds

7 x 12	7 x 6	6 x 7	10 x 5	8 x 9	9 x 5
9 x 7	8 x 12	6 x 4	5 x 11	5 x 5	0 x 8
7 x 12	12 x 7	7 x 8	7 x 4	4 x 7	12 x 4
10 x 9	4 x 6	9 x 7	4 x 4	6 x 5	6 x 9
2 x 9	5 x 5	9 x 12	9 x 7	7 x 9	6 x 5
6 x 0	4 x 12	9 x 6	6 x 12	6 x 5	11 x 12
3 x 5	9 x 7	8 x 8	9 x 9	5 x 5	8 x 5

CHAPTER **16**

Final Review: Times 0 to 12

LESSON **10**

Feel free to look up any answers in the Reference Table. That means "No Excuses" for wrong answers - 100% accuracy is expected. Your score is the "Time Taken" to complete all questions on these two pages. Challenge yourself. Do the questions quickly. Time yourself the first time, and then "Beat Your Best Time!" every time.

6 x 9 = ____ 8 x 7 = ____ 4 x 12 = ____ 10 x 4 = ____ 9 x 9 = ____ 12 x 5 = ____

8 x 8 = ____ 4 x 6 = ____ 6 x 5 = ____ 3 x 7 = ____ 7 x 5 = ____ 7 x 10 = ____

6 x 9 = ____ 7 x 4 = ____ 4 x 7 = ____ 7 x 5 = ____

6 x 0 = ____ 7 x 9 = ____ 9 x 4 = ____ 6 x 7 = ____

Reference Table

X	1	2	3	4	5	6	7	8	9	10	11	12
1	1	2	3	4	5	6	7	8	9	10	11	12
2	2	4	6	8	10	12	14	16	18	20	22	24
3	3	6	9	12	15	18	21	24	27	30	33	36
4	4	8	12	16	20	24	28	32	36	40	44	48
5	5	10	15	20	25	30	35	40	45	50	55	60
6	6	12	18	24	30	36	42	48	54	60	66	72
7	7	14	21	28	35	42	49	56	63	70	77	84
8	8	16	24	32	40	48	56	64	72	80	88	96
9	9	18	27	36	45	54	63	72	81	90	99	108
10	10	20	30	40	50	60	70	80	90	100	110	120
11	11	22	33	44	55	66	77	88	99	110	121	132
12	12	24	36	48	60	72	84	96	108	120	132	144

3 x 7 = ____ 12 x 9 = ____ 9 x 12 = ____ 12 x 6 = ____ 4 x 4 = ____ 6 x 4 = ____

6 x 1 = ____ 5 x 6 = ____ 7 x 5 = ____ 5 x 6 = ____ 7 x 6 = ____ 3 x 7 = ____

2 x 9 = ____ 9 x 6 = ____ 9 x 9 = ____ 12 x 9 = ____ 8 x 8 = ____ 5 x 4 = ____

CHAPTER 16

Final Review: Times 0 to 12

LESSON 10

Time Taken: _______Minutes, and _______Seconds

6 x 12	12 x 9	7 x 12	4 x 1	5 x 7	8 x 8
12 x 5	8 x 12	6 x 5	2 x 9	5 x 5	0 x 6
5 x 8	9 x 8	8 x 9	5 x 4	9 x 12	7 x 5
4 x 1	4 x 12	12 x 8	6 x 7	12 x 4	4 x 7
4 x 11	8 x 7	8 x 9	7 x 5	7 x 8	9 x 6
7 x 1	7 x 8	12 x 4	5 x 12	8 x 6	3 x 4
9 x 11	8 x 7	8 x 12	12 x 4	4 x 4	12 x 5

The Multiplication War Card Game

A fun way to practice the Times Tables!

<u>The Rules</u>:

- Take a standard deck of cards and **remove the Jokers**.
- Since the focus of this book is on the **times tables upto 12**, we need to **remove the Kings** from the this deck as well. The **Jacks** represent number 11, and the **Queens** represent 12.
- Cut out the **Reference Table** on the next page and place it between the two players. It's okay to look up the answers until they become permanent part of your long-term memory.
- Shuffle the cards thoroughly and deal the cards **one at a time** to both players until the full deck is divided up.
- Make a neat pile of your cards facing down.
- Both players count "One, Two, Three" simultaneously and suddenly flip over their top card (now both players can see the two cards).
- The first person to "shout out" the **product** of the two cards gets both cards and places them in a separate pile. The **product** of 4 x 3 = **12**.

- If both players "shout out" the answer simultaneously, the cards are placed in the middle of the table (no one gets them yet)
- The next player to win the ***flip*** gets the cards in the middle of the table, as well as the cards just played (4 cards).
- Continue playing until you run out of cards.
- Both players count their cards. The player with the most cards is: **The Winner!**

Cut along the line to use the Reference Table while playing the game. It's okay to look up the answers until they're embedded in your long-term memory.

Reference Table

x	1	2	3	4	5	6	7	8	9	10	11	12
1	1	2	3	4	5	6	7	8	9	10	11	12
2	2	4	6	8	10	12	14	16	18	20	22	24
3	3	6	9	12	15	18	21	24	27	30	33	36
4	4	8	12	16	20	24	28	32	36	40	44	48
5	5	10	15	20	25	30	35	40	45	50	55	60
6	6	12	18	24	30	36	42	48	54	60	66	72
7	7	14	21	28	35	42	49	56	63	70	77	84
8	8	16	24	32	40	48	56	64	72	80	88	96
9	9	18	27	36	45	54	63	72	81	90	99	108
10	10	20	30	40	50	60	70	80	90	100	110	120
11	11	22	33	44	55	66	77	88	99	110	121	132
12	12	24	36	48	60	72	84	96	108	120	132	144

Reference Table

x	1	2	3	4	5	6	7	8	9	10	11	12
1	1	2	3	4	5	6	7	8	9	10	11	12
2	2	4	6	8	10	12	14	16	18	20	22	24
3	3	6	9	12	15	18	21	24	27	30	33	36
4	4	8	12	16	20	24	28	32	36	40	44	48
5	5	10	15	20	25	30	35	40	45	50	55	60
6	6	12	18	24	30	36	42	48	54	60	66	72
7	7	14	21	28	35	42	49	56	63	70	77	84
8	8	16	24	32	40	48	56	64	72	80	88	96
9	9	18	27	36	45	54	63	72	81	90	99	108
10	10	20	30	40	50	60	70	80	90	100	110	120
11	11	22	33	44	55	66	77	88	99	110	121	132
12	12	24	36	48	60	72	84	96	108	120	132	144

A Request From the Author

Dear Parent/Teacher

I'd like to request you to tell me about **just one thing** that you liked the best in this book. Even more important and beneficial would be to tell me about **atleast one thing** that can be improved.

Any suggestions, questions, concerns, critiques, and criticisms shall be greatly appreciated. With your input, we can make this book even better for those who have yet to undertake their educational journey. Let's make it worth their while, and cherish the amount of time, energy, and effort you've already expended.

Please send your feedback, both negative and positive, by email at **jaspal.cheema@gmail.com**, or post your review online. Any constructive feedback shall definitely boost my confidence and encourage me to deliver even more value!

Thanks

Jaspal Singh Cheema

About the Author

Jaspal Singh Cheema is passionate about sharing his skills and talents. His primary strength, however, is in teaching or tutoring Mathematics to younger children and high-school students in his local community (Brampton, Ontario).

Jaspal has made seven original mathematical contributions to *The On-Line Encyclopedia of Integer Sequences* (OEIS®), which is an intellectual property of **The OEIS Foundation Inc.**, United States of America. All 7 contributions relate to the study of prime numbers. OEIS records information on mathematical patterns in numbers, that are primarily of interest to mathematicians and amateurs. The Encyclopedia is widely cited throughout the world (www.oeis.org).

Jaspal originally hails from Punjab (India) where he was born in 1964, and received his foundational education at a prestigious boarding school for boys—The Punjab Public School Nabha. He set foot on Canadian soil in 1981 (Edmonton, Alberta), where he completed his high school (grades 11 and 12 in one year). He graduated with a B.Sc. in Mathematics and Statistics from the University of Alberta, and moved to Ontario in 1987 for his Master's (M.A.) education at the University of Western Ontario, London.

Jaspal is also a talented artist, who has developed a distinctive style that reflects "chaos and beauty intertwined." He paints reverse oil paintings on sandblasted glass exclusively. His abstract paintings have been selected in national and international competitions. A diffused image of one of his paintings is featured in the background on the cover of this book. In addition to writing books on elementary Mathematics for children, he intends to pursue this diversion further in his golden years as well.

He has been an active member of the Ontario Public Service (Government of Ontario) since 1991. He currently resides with his family in Brampton, Ontario, Canada.

www.ingramcontent.com/pod-product-compliance
Lightning Source LLC
Chambersburg PA
CBHW080934040426
42443CB00015B/3410